丁兴良◎著

企业成长做大的战略密码

——卡位

·北 京·

图书在版编目（CIP）数据

企业成长做大的战略密码——卡位/丁兴良著．
北京：中国经济出版社，2013.7
ISBN 978－7－5136－2274－5

Ⅰ.①企… Ⅱ.①丁… Ⅲ.①企业管理－市场营销学 Ⅳ.①F274

中国版本图书馆 CIP 数据核字（2013）第 017573 号

策划编辑 张玲玲
责任编辑 杨 莹
责任审读 霍宏涛
责任印制 张江虹
封面设计 任燕飞

出版发行 中国经济出版社
印 刷 者 三河市佳星印装有限公司
经 销 者 各地新华书店
开　　本 710mm×1000mm 1/16
印　　张 14.5
字　　数 130 千字
版　　次 2013 年 7 月第 1 版
印　　次 2013 年 7 月第 1 次
书　　号 ISBN 978－7－5136－2274－5/C·370
定　　价 32.80 元

中国经济出版社 **网址** www.economyph.com **社址** 北京市西城区百万庄北街 3 号 **邮编** 100037
本版图书如存在印装质量问题，请与本社发行中心联系调换（联系电话：010－68319116）

版权所有　盗版必究（举报电话：010－68359418　010－68319282）

国家版权局反盗版举报中心（举报电话：12390）　　服务热线：010－68344225　88386794

序 言

营销 整合 卡位 战略 定位 挖掘 聚焦

第一版《卡位》自出版以来，得到了很多读者的反响。为了更好地帮助企业及从事管理的精英们学习全面的战略思维，我在第一版《卡位》的基础上完善了“卡位”理论的架构。重点强调如何制定卡位战略，如何进行卡位实操等。特别在目前中国经济转型之时，如果企业没有优势，很难在市场上立足。

“卡位”这个词语来自篮球或者足球比赛里，指在比赛过程中，球在空中的时候，球员精确判断球的有效落点，抢先对手占据有利位置，将对手阻挡在最佳位置以外，从而获得控制权。要是他硬撞的话，就会被弄倒在地，形成有效的“卡位”。

卡位的关键在于精确地判断有效落点，并抢先对手占据有利位置。企业有了困惑怎样寻找营销战略，企业在行业内怎样立于不败之地，这些都涉及卡位的问题。

很多企业在面临竞争时，往往会只在乎对手的实力，而对于自身的优势却完全没有研究过，中国企业也不例外。目前，中国企业存在着一系列的问题，主要体现在产品同质化、营销战略不能及时市场化。企业的发展是靠产品技术，然而在21世纪的今天，产品技术的核心优势将被替换。一流的企业靠品牌，二流的企业靠服务，三流的企业靠产品技术，这是许多专家和知名学者的共识。然而在互联网3.0的时代，18个月的摩尔定律也已都被打破，未来的发展呈飞速上升之势。在未来的企业发展中，我个人认为，先入为主的观念始终不变，特别是在中国市场中。因此，在进行了对4651家企业客户、24403位高层管理人员的市场调研后，我们毅然提出了“卡位”战略的企业新思维。

卡位战略已经为一些企业的发展解决了困惑，如卡位战略成功地为西门子、金晶等企业提高了在行业中的竞争实力，抢先竞争对手占据了有力的位置，形成了技术壁垒，让竞争对手短时间之内无法超越。

卡位战略不仅充实了新的营销理论，更是营销发展史中的再一次飞跃。我们工业品营销研究院，在不断的摸索中前进，在市场的漩涡中高瞻远瞩，旨在为更多的企业提供发展之道，为中国企业发展尽一份绵薄之力。

在此感谢那些为本书出版而付出的朋友们，特别是蓝狮子读书网。最后希望读者能抽出时间来阅读这本书，我唯一要说明的是，这些书稿都是以通俗的语言和案例撰写而成，读者不必用看教科书的眼光来审视它，应以沉淀的心灵来深思它。如果我的个人经历与体悟能给各位读者一点点思考和启发，将是我最大的欣慰和欢喜，也算是对大家的一点回报吧！

我的心愿是能够真正地帮助企业成长，就如我们研究院的宗旨一样："挖掘行业深度、引导产业方向、改善企业营销力、提升社会竞争力。"

丁兴良
2012 年 9 月

目录

引 言 你的企业被列入淘汰名单中了吗？

“别看一些老板开着宝马，风风光光的，在外面说资金实力雄厚，这只是个行头，只有我们才知道彼此内心的痛苦。现在也看不清糟糕的情况到底要持续多久。”一位老板在与我沟通交流的时候，说出了他们目前真正的心声。

从2011年下半年开始，不时传出长三角和珠三角企业“倒闭潮”“停工潮”的说法。在往年的入夏时分，多数加工出口的中小企业已告别传统的订单淡季，进入热火朝天的旺季。那么，究竟是什么让旺季变成了“跑路”的季节？又是什么让走出金融危机的喜悦，在短短一年后就烟消云散？

比金融危机更凶险的经济转型

“比金融危机更凶险”，这几乎成为中小企业老板们共同的心声。老板们反映，最凶险是现实情况的真实反映，但更担心的是再往前走是万丈深渊。

受原材料价格上涨、人民币升值、劳动力成本增加、宏观政策微调等因素的叠加影响，中国广大的中小工业企业承受着比金融危机时更大的压力。不仅如此，电荒、钱荒、人荒，这三荒一刀比一刀厉害，刀刀见血，割在了老板们的心窝上。

一直以来，各方对中国经济增长模式多有微词，而“经济转型”可持续增长的呼声一直不绝。今年2012年上半年国家统计局公布的GDP增速为7.6%，市场一片哗然，因为从发电量、铁路运输以及新增信贷投放等数据看，根本得不出与国家统计局数据相吻合的结果。国家统计局发言人解释，是节能减排导致中国经济能耗效率提高。对此，市场大多持怀疑态度。但现在诸多现象显示，中国经济结构转型确实正在进行，对于中国经济需要换一个角度看。

你的企业被列入淘汰名单中了吗？

中国经济的转型势必给企业造成一定的影响，大部分的企业纷纷陷入了危机状态。

例如，钢铁煤炭等“黑粗重厚”周期性行业，上半年确实哀鸿遍野。钢铁上市公司上半年财报显示，仅宝钢股份、久立特材、攀钢钒钛业绩同比预增。而在报忧的 17 家钢企中，14 家钢企预告亏损。钢厂普遍反映 7 月份订单量比 6 月继续下滑，下游终端需求难有起色。而煤炭企业供大于求，上半年普遍经营困难，下半年估计也难有起色。如果再对照有色、轻工业制造等周期性行业看，经营困难是普遍现象。

我的老朋友——东莞市凯邦化工有限公司总经理吴凯与诸多行业的老板都相熟。据他的了解，东莞企业的倒闭情况跟温州差不了多少，老板们每天在忙，只是赚一个吆喝。40% 的企业都有萎缩，很多工厂生产线缩水一半，这些企业各种行业都有，如电子、塑胶、模具、五金、包装等。有的企业更糟糕，基本停产了，每天就等米下锅。

为何中小工业企业现在的情况糟过 2008 年金融危机时呢？

东莞凯立特电子设备厂总经理徐皓一语道破其中的奥妙：“现在跟金融危机时没法比。金融危机的时候，政府在税收、信贷等方面给企业很大支持。而如今，不断抬高的税赋和不断收紧的货币政策，却让企业雪上加霜。”

是的，金融危机时政府在税收、信贷等方面给中小企业提供了不少支持，使企业的资金链得以维持不断裂，而现在，央行在企业遭遇钱荒时却还要不断收紧银根，多次上调存款准备金率，同时减少在信贷方面的投放，这就导致企业的资金链断裂，倒闭也就成了必然。

除此之外，还有很多因素致使企业大幅度地遭遇淘汰，中国企业的倒闭潮愈演愈烈。

如何渡过比金融危机更加艰难的经济转型？

面对这股汹涌而来的转型调整，企业的选择只有两种：不是在危机中灭亡，就是在危机中壮大，危机的到来使得广大的中小企业可以反省自己经营的短处，从而做出改革，使企业走向更广阔的舞台。而一些没有实力也没能力做出调整的企业，只能面临着被并购、被淘汰的结局。

"改变民营企业是找死，不改变民营企业是等死。"这是流传在广大中小企业老板中的一句话。就因为这样，广大的老板宁愿等死，也不愿意去找死，于是乎，等死的企业在此次危机中真的如同那只温水中的青蛙，被活活烫死了，而不少找死的企业却成功地存活了下来。

企业转型升级的路径林林总总，改造提升、自主创新、产业升级、上市融资、兼并重组，等等，但是何种方式适合自身产业和企业的前景，许多企业难以选择。特别是中小工业品企业，陷入了"想转没方向、想升没本领，放弃又不甘心"的困境。

那么企业具体该如何做才能渡过此次转型危机呢？这也是本书写作的主要内容。

经济转型致使企业淘汰的事实更加明确地告诉我们，今天不同于过去——这是一个动态竞争的时代，就像一场篮球比赛，有对

手，有同伴，大家都在快速跑动着，必须得时时观察、准确判断，观察球的落点，发现并创造机会，卡位前进，阻拦对手，获得控制权，抢球快速上篮。

我们的企业就像“篮球场”中的一员，我们的管理一时半会跟不上跨国外资企业的标准，我们的技术可能也比不了别人。我们就像篮球场上的小矮个，处处受掣肘，必须进行有效的卡位，才能拥有立足之地。

寻找你最长的板子，明确定位，充分利用和整合企业的自身优势，准确卡位，有效切入，建立区隔，做到最好，创造一片属于自己的蓝海，使对手无法复制与超越。只有这样才能在经济转型中顺利渡过，成为优秀的企业。

企业健康测试评估：
了解你的企业离淘汰还有多远

一、企业特质

1. 在你的心中，哪一项寓意更能准确地代表你未来的企业？

A. 清晨冉冉升起的旭日

B. 高速公路上飞驰的法拉利汽车

C. 森林中的一间小木屋

D. 大海上的一艘豪华游轮

E. 黄浦江畔的环球金融中心。

2. 你的企业成立于：

A. 20 世纪 70 年代以前

B. 20 世纪 70 年代

C. 20 世纪 80 年代

D. 20 世纪 90 年代

E. 21 世纪。

3. 如果有一家跨国公司愿意以超过市价三倍的价格来收购你现在的公司。你将如何选择？

A. 接受收购协议

B. 拒绝收购

C. 愿意出售 49% 以下的股份

D. 愿意出售 51% 的股份，但你必须拥有管理权

E. 拒绝收购，但倡议与跨国公司共同出资组建一家新公司。

4. 作为企业的最高管理者，你对哪组数据的关注度最高？

A. 产品的销售量

B. 销售量的增长率

C. 产品市场占有率

D. 企业净利润率

E. 人均创利值

5. 你的企业在确定新厂址时，哪个是首要决定因素？

A. 新厂地皮价格低廉

B. 新厂址交通便利

C. 当地劳动力成本较低

D. 临近企业的主要客户

E. 当地同行业企业较为集中

二、人才价值观

1. 企业在招聘一位销售经理时,你认为谁最合适?

A. 孙悟空

B. 李云龙

C. 韦小宝

D. 关云长

E. 宋江

2. 企业在招聘一位销售人员,你会选择谁?

A. 许三多

B. 贾宝玉

C. 沙和尚

D. 赵子龙

E. 赵本山

3. 以下员工特点,你认为哪种最值得加薪表彰?

A. 勤勤恳恳,加班加点,任劳任怨

B. 经常提出新的建议,使公司效益提升

C. 所管辖的区域销售量增长最快的

D. 技术研究得以突破,获得技术专利的

E. 利用自己特殊的社会关系,使公司获得大额订单的

4. 当你每天早晨踏入公司,你最希望看到哪种景象?

A. 精神饱满的员工专心致志地工作

B. 员工们亲切自然地相互问候

C. 你的办公桌前放置了一盆你喜欢的鲜花

D. 你的要货客户已经在会议室里等着你的会见

E. 一叠厚厚的文件摆放在你的办公桌上等你签阅

5. 当一位销售骨干拿着一份辞职信,准备向你提出辞职申请时,你将如何处理?

A. 你询问原因后,许以优厚条件加以挽回

B. 你询问原因后,当即予以批准,并祝他好运

C. 不加询问,直接交人事部处理

D. 让离职员工再考虑一下,同时追查人才离职的原因

E. 以其他借口不予批准,并告诉对方无故离职得赔偿公司损失

三、管理者的价值取向

1. 你喜欢哪种自然风景?

A. 旭日东升

B. 阳光普照

C. 彩霞满天

D. 雨后彩虹

E. 繁星点点

2. 你每天走进办公室的第一件事是：

A. 整理办公桌

B. 翻看记事本

C. 站在窗前查看厂区（或办公区）

D. 清洗茶具后泡杯茶

E. 打开电脑，翻看行业信息

3. 以下五个人，你最欣赏谁？

A. 比尔·盖茨

B. 巴菲特

C. 史玉柱

D. 胡雪岩

E. 柳传志

4. 你平均一年在自己公司里的时间是多少？

A. 一至三个月

B. 四至五个月

C. 六至七个月

D. 八至十个月

E. 十个月以上

5. 最让你觉得有成就感的事是：

A. 签发员工工资单

B. 参加政府的表彰会议

C. 同行真诚的赞誉和敬佩

D. 员工的忠诚和爱戴

E. 企业的发展速度

四、营销理念

1. 以下哪个要素在你的企业发展中占据着最重要的位置：

A. 产品质量

B. 品牌影响力

C. 客户

D. 核心技术

E. 人才

2. 你期待着将你的公司打造成：

A. 行业内销量最大的企业

B. 行业内技术领先的企业

C. 上市公司

D. 全球化的跨国企业

E. 受人尊重的百年老店

3. 你认为企业加速扩张应采取哪种手法？

A. 行业内的兼并

B. 寻求与国外顶尖企业合作

C. 走多元化道路

D. 通过股份改制，引入新资本

E. 加大基建投入，扩大生产规模

4. 当你的企业准备进入一个新的领域，首要考虑的要素是：

A. 市场容量和发展前景

B. 投资回报率

C. 技术含量

D. 企业现有资源及优势

E. 是否与现行企业相匹配

5. 影响到你的企业发展的主要障碍来自于:

A. 原材料价格的波动

B. 行业内部恶性竞争,导致企业盈利能力的下降

C. 业界市场环境的恶化

D. 产品技术含量低,竞争优势不强

E. 企业资金实力不足

评分表:

题目	选项及分数				
	A 选项	B 选项	C 选项	D 选项	E 选项
1	3	2	4	1	5
2	1	2	4	5	3
3	1	3	4	2	5
4	1	2	3	4	5
5	1	3	2	5	4
6	5	4	3	2	1
7	3	2	1	5	4
8	1	2	4	5	3
9	2	3	4	5	1
10	2	3	4	5	1
11	1	2	3	4	5

续表

题目	选项及分数				
	A 选项	B 选项	C 选项	D 选项	E 选项
12	2	1	3	5	4
13	4	2	1	3	5
14	2	3	5	4	1
15	4	2	3	5	1
16	3	2	1	4	5
17	1	4	2	3	5
18	4	5	2	3	1
19	1	3	4	2	5
20	1	2	5	4	3

一、得分四十分以下的企业：企业健康指数为疾患状态，离淘汰危机很近

企业描述：

勤勉于行业内的耕耘，脚踏实地地推动着企业的发展。你的企业虽不是发展最快的，但为稳健的企业。经过数年的积累，建立起较为稳定的客户群体。企业在行业内建立起良好的口碑。企业最高管理者凭借着自身的魅力，笼络着一批骨干人才。企业坚持恒定的经营路线，经过数年的努力能够在行业里勉强生存。

隐患：

企业在经营战略上过于求稳和保守，使其创新激情偏弱，往往会错失发展的良机。企业虽经历过创业之初的平稳发展，但近年明显处于停滞状态。行业内竞争的加剧，导致企业盈利能力的下降。企业人才的匮乏，导致其在新市场或新领域内的拓展步伐缓慢。企业的销售以老产品为主,新产品的推广步履蹒跚等成为缠绕着企业的顽症。

建议:

精通中庸之道的你到了该“一鸣惊人”的时刻了。你的企业已经度过了艰难的创业时期,完成了原始积累。企业目前所缺的不是资源,而是你经营思维和观念的改变。调整经营思维和营销战略、优化产品结构、聚集资源拓展新的领域是推动企业快速发展的核心内容,以此来奠定你的企业在行业中的真正地位。只有这样,才能适应市场的发展,远离淘汰危机。

二、得分四十分至六十分的企业:企业健康指数为高危状态,离淘汰危机有点接近

企业描述:

你是生活在原始森林里的一只灵狐,敏锐、机智、多疑、善变是你的性格,你有敏锐的洞察力和判断力。精于计算是你的特长,注重细节的你在做出重大决策时总有点患得患失。你的企业注重新技术的研发和运用,也比较善于拓展新市场。但因企业经营战略的不稳定性,直接导致执行力的偏弱。

隐患:

你有天生的规避风险的能力,但过于谨慎反而影响到你的判断。贵公司现在从事的是一个很有发展潜力和空间的行业,该行业目前尚未有绝对的领先者。这对贵企业而言,正是绝佳的机会。贵公司现在存在的最大问题在于人力和财力投入度不够。

建议：

你魄力再大点，加快扩张的步伐和发展速度；简化管控流程。否则会错失良机。

三、得分六十分至八十分的企业：企业健康指数为亚健康状态，离淘汰危机有点距离

企业描述：

气度轩昂、胸怀大志的你注定着你的人生和你的企业都会书写一段精彩而绚烂的篇章。你的企业有较丰厚的社会资源和较强的公关能力，这能帮助你的企业在大客户或大型项目上攻城拔寨。

隐患：

你的公司的销售量在快速增长，但销售量数据的背后，你会发现销售费用的居高不下以及企业利润率的下降。经历了创业初期的亢奋之后，你对企业的未来发展前景感到了迷茫。一方面企业订单仍在快速增长，另一方面企业的盈利能力在下降。众多同类企业的兴起，让你感到了行业内部危机重重。

建议：

经营者当会循时夺势，企业发展之根本在于做强，而不仅仅在于做大。建议你适当收缩一下你的产品线，将目光集中在核心技术的提升以及新概念产品的推广上。

将老产品从企业中逐步剥离出来，交给代理商去经营，公司将销售资源放在新产品的推广上来。贵公司正面临着第二次创业阶

段，建立企业的卡位思想和组织管控体系是第二次创业能否成功的主要条件。

四、得分八十分至一百分的企业：企业健康指数为安全状态，远离淘汰危机；

企业描述：

思维缜密、追求完美的你将公司打理得层次分明、有条不紊。你过人的领导才能使你成为公司内部的绝对核心。公司鲜明的经营风格和个性化的经营理念都明显带着你的烙印。你超高的威望注定使你成为最忙碌的人。你苛求完美的性格，促使企业在生产、销售、服务等领域都做到尽善尽美，这反而削弱了企业的竞争优势。

贵公司有明确的经营思路和发展方向，并建立了较为系统的管控流程，以确保各项经营指标的完成。

隐患：

但同时你发觉员工的创业能力在下降，尤其在市场营销领域内，近期内亮点不多，侵略性不强。企业守着自己的势力范围，扩张速度较为缓慢。企业能避开恶性价格竞争，但在高端市场的占用份额还较低。企业面临着的最大挑战是在与国外顶尖企业竞争中如何取得较为明显的优势。

建议：

《孙子兵法》曰："夫兵形象水，水之行，避高而趋下；兵之形，避实而击虚。水因地而制流，兵因敌而制胜。故兵无常势，水无常

形，能因敌变化而取胜者，谓之神。”过于拘泥形式，反而会限制企业的创新思维。管理者过高的威望，让下属依赖性较强。建议企业注重培养员工的创新意识，将责任权利逐步下沉，完善考核机制，为员工提供广阔的发展平台，以确立企业在行业中的领袖地位。

THE
FIRST CHAPTER

第一章 为什么我们的企业离淘汰不远?

为什么有些产品质量、包装、服务差不多,但最后客户买了他的,却没有购买我的? 这让很多老板感到困惑。

为什么明明知道这样生产下去,利润会越来越薄,但还是继续扩大生产? 这让很多老板感到无奈。

为什么成本不断增加,物价不断上涨,企业的税赋却没有多少变化? 这让很多老板感到无解。

据不完全统计,这些现象还在持续地发生,而这些也正是企业被淘汰的根源。

为什么中国的企业平均寿命只有2.5年？

【案例】 王总的遭遇

义乌某特种车辆有限公司是一家专业从事水陆两栖特种车辆的开发、生产和销售的科技型企业。公司成立之初，便与中国人民解放军装甲学院开展了“产学研”合作。如今，他们还开发出了拥有10多项专利授权和自主知识产权的水陆两栖全地形功能车。在企业负责人看来，他们公司的产品市场空间很大，然而企业发展过程中也面临着大问题：由于缺乏资金，项目难以真正实现产业化。

在对该企业老板王总的采访当中，我们明显感觉到王总的无奈。由于该公司属于研发生产性产品企业，本身的开发周期就很长，再加上后期的生产及销售。王总企业面临着巨大的资金缺口，光长时间的人力工资就是很大的成本，再加上企业的原材料采购、无形支出成本等，还没加上研发成本、销售成本就已经把企业资金耗去一大半。

然而，面对如此巨大的市场空间，王总很想坚持。可是融资的平台却非常得少，银行就是肯贷款，给予的资金也只能满足企业一小部分的成本需求，这让王总感到非常郁闷。无奈之余，王总只有放弃了自身的发展，接受国外一些大型公司的并购。用王总的话来说："只有这样，才能够得以生存，这是没有办法的办法。"

就这样，王总的企业也同样遭遇了被吞并的命运。

据统计，世界500强的寿命为40岁至42岁，1000强的平均寿命为30岁。世界最高寿的公司已达700多岁。欧美企业平均生存年限是12.5年，日本《日经实业》的调查显示，日本企业平均寿命为30年。而在中国，1993年、2000年、2007年、2012年连续进行的4次全国民营企业大规模抽样调查表明，1993年以前私营企业平均存继周期有4年，2000年提高到7.02年。但到2007年，中小企业平均寿命只有2.9岁。2012年的最新统计中，中国中小企业的寿命仅为2.5岁。中国企业寿命越来越短，很多企业不是被控股或并购，就是尚未成熟就早早夭折，特别是我国中小企业。

市场调查	中国中小企业寿命
1993年	4年的寿命
2000年	7.02年的寿命
2007年	2.9年的寿命
2012年	2.5年的寿命

中小企业在我国占有重要地位。近几年来，在全国每年1500亿美元左右的出口总额中，中小企业占60%左右的份额。中小企业如今已成为我国经济的主体，目前注册数量已超过1000万家。

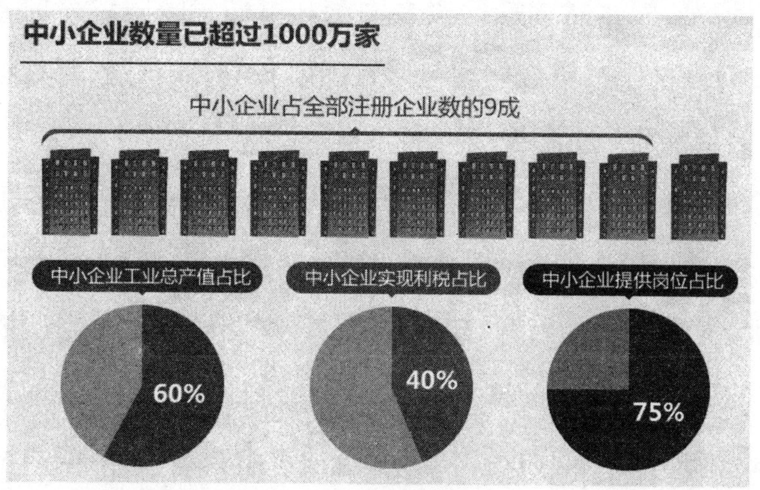

图 1－1　中小企业份额示意图

然而，企业基数如此庞大，其寿命却在不断地减短。相比之下，我国企业的平均寿命远逊日本，而大型企业（集团公司）的平均寿命也只达到美国中小型企业的平均水平。中国每年有数百万家企业倒闭，美国每年倒闭的企业大概为数十万家，倒闭数大约只有我国企业倒闭数的 1/10，若考虑到两个国家在企业总数上的差别，这一数字可能会更加惊人。因此中国企业的短命，已不是“英年早逝”，而是普遍的“幼年夭折”，如在中关村注册的企业有 6000 家，寿命已经超过 8 年的不到 3%。

面对如此短命的中小企业，我们不禁发出质疑：民营企业为什么长不大？他的生存为何如此艰难？

为此，有人总结出了当前中小企业遭遇淘汰面临的三大原因：资金、创新和利润。

1. 资金缺乏，融资渠道不畅

资金问题是中小企业面临的最大压力，其他原因对企业的影响可以说是“温水煮青蛙”，资金困难却可能是瞬间致命的。而今年中小企业面临的资金问题包括人民币升值、涨薪潮、原材料价格上涨、融资难等一系列叠加因素。

金融危机时，中小企业面临的主要是订单下滑造成的生存危机，而今年的中小企业则是有单不敢接，接的订单越大，面临的风险越大，亏损越大。因为订单越多，原材料消耗越大，制造成本越大，亏的可能就越多。中小企业只能眼睁睁地看着上游的各类资源价格上涨，对下游厂商却很难通过提价来转移压力，向上向下都没有什么发言权，日子难过。结果只有企业内部拼命消化压力，没法消化就只有倒闭。

在融资问题上，大多数企业束手无策，多数小企业反映贷不到款，只能向民间借贷，年利息 15% ~20%，甚至有些短期融资年利息高达 50% ~60%，小型微利企业很难支撑过高的融资成本。下面是一份关于“民营企业持续成长影响因素”的调查问卷得出的结果。（其中 1 表示该因素对所在企业成长没有任何制约；3 代表一般制约；5 代表极度制约。5 为最高级判断。）

表 1-1　企业生存阶段的融资能力障碍

指　标　项	平均值
企业可以从银行贷到发展资金	4.10
企业可以从亲戚朋友处获取扩张用资金	4.05
企业可以从同行企业处获取资金	3.74

2. 创新意识薄弱，自主研发能力不强

有人将“倒闭潮”归咎于经济转型，但是我们却认为真正令他们倒闭的是长久以来累积下来的问题，中国的中小企业在自主创

新上的严重不足早已成为了其致命的短板。

为什么人家500强企业就能经受得起经济转型的冲击？因为半数以上的全球500强企业，每年将其总产值的10%甚至20%用于自主知识产权的研发、创新工作之中。而中国众多的中小企业，却仍然在同质化的产品中苦苦地打价格战，靠低劳动力成本、低土地成本参与竞争，造成了行业内企业间自杀性压价，盈利空间大大缩水。现如今，这种粗放型、低层次、单纯靠量的增长维持生存的经营模式已经走投无路，广大中小企业必须主动突围，全面提升自己的创新能力，打造属于自己的核心产品。

3. 利润低，还不断遭受挤压

目前，据有关测算，诸多因素叠加所产生的影响，导致部分面向出口的中小企业利润率已经下降至1.44%左右。近期全国工商联耗时2个多月对广东、浙江、江苏等16个省进行系统调研，结果发现，中小企业特别是小型、微型企业的状况，可能比2008年金融海啸时更为艰难。

以中小工业品企业相对密集的广东为例，今年一季度，广东3.73万家规模以上工业企业实现利润约923亿元，比1—2月下降12.5个百分点，比去年同期下降26.1个百分点。中小企业数量庞大的长三角地区，也开始出现大量企业停工、半停工局面。企业盈利幅度减少主要是因为原材料价格上涨、企业工人工资提高、银行贷款利率上调、部分大型企业设立公积金等因素推高了企业生产经营成本。此外，人民币加速升值、税收增加等因素也对利润形成了挤压。

除此之外，中小企业自身问题是造成企业被淘汰的根本原因。从以下图表就能反映出来：

图 1－2　中小企业自身问题示意图

基业长青的企业真正的成功原因在哪里？

【案例】 通用电气在中国电力领域的战略

自从2011年2月国家电网提出在未来5～10年投资5000亿元建设智能电网后，GE、ABB、西门子、施耐德等国际电气巨头便纷纷采用与中国企业合作联姻的方式抢夺中国智能电网市场。不过，与西门子、ABB等输变电设备领域跨国公司相比，GE在中国的投资更注重长线合作，而且动作频繁，选择合作的企业也都是大国企。下面我们不妨去探寻一下通用电气在中国电力领域的战略要点。

战略要点一：与电力大国企联姻

目前GE在中国三个最重要的业务就是航空、能源和医疗，而能源中的电力无疑是GE最重要的一颗棋子。近两年GE在中国电力领域动作频频，而且与其合作的都是大国企。

表 1-2 GE 合资收购情况表

时间	合资收购情况
2010 年 9 月	通用电气与哈尔滨动力设备公司达成协议,合建风力设备生产公司,在中国销售风力发电机
2010 年 11 月	通用电气与国家电网下属的武汉南瑞有限责任公司组建平股合资企业,生产和销售变压器和变电站等电网监控和诊断产品
2011 年 8 月 23 日	GE 与中国华电集团公司在上海宣布成立一家新的合资公司,共同推动中国分布式能源领域的发展
2012 年 5 月 7 日	GE 斥资约 5.35 亿美元获得中国西电 15% 的股权,并宣布在中国大陆设立合资公司
2012 年 5 月 10 日	GE 与神华煤制油化工有限公司合资组建通用电气神华气化技术有限公司,双方各持股 50%

由表可见,通用电气选择的都是国内财大气粗的大国企。看来 GE 在进入中国后也深谙中国行情,知道要在中国市场混,就要跟中国政府打好关系。

战略要点二:以长线投资合作为主,共同开发创造新技术

GE 在其他东南亚国家一般都只是销售产品,没有建立长期的伙伴关系。但在中国,GE 却建设了强大的生产设施、研发中心与合资企业,与中国国企的合作也聚焦在长线投资合作上,这表示 GE 选择大国企,不仅仅是想利用本土企业成熟的渠道与市场,更想在品牌推广、技术创新乃至人才培养上与中国企业结成"利益共同体",一起开发创造新技术并成为长期的合作伙伴。

像 GE 与神华合资组建合资公司,就是想一起开发下一代的煤气化技术,把气化的成本降下来。GE 能源全球副总裁 Paul Browning 表示,通用电气的气化技术每年带来的产值约是 1 亿美元左右,其中大部分来自中国。可见中国市场已成为 GE 的重要战地。

总结

随着中国智能电网的飞速发展，中国市场已成为GE、ABB、西门子、施耐德等国际电气巨头争夺的焦点。通用电气选择与中国国企长线合作的方式，无疑是出于长远的战略眼光考虑，这似乎才是GE在中国真正的战略。

一、精准的战略定位

从以上的案例来看，我们可以发现通常基业长青的企业都拥有精准的战略定位。然而我们大多数的企业常见的一些现象是：

A. 没有长远的战略目标，缺乏明确导向；

B. 就算做了战略，却没有强有力的支撑点，制定的发展战略经常变更；

C. 制定的战略规划缺乏科学有效的分析，对市场环境等认识不足；

D. 大多数战略发展计划属于拍脑袋做事，或者仅限于纸上谈兵，没有具体的实施计划；

E. 企业投资过于多元化，没有专注性、针对性，企业资源被过度分散。

而我们认为，（以工业品企业的战略内容为主）真正精准的战略定位应该包含以下内容：

二、良好的社会环境支持

良好的社会环境是企业成功发展的基本原因之一。我们看看

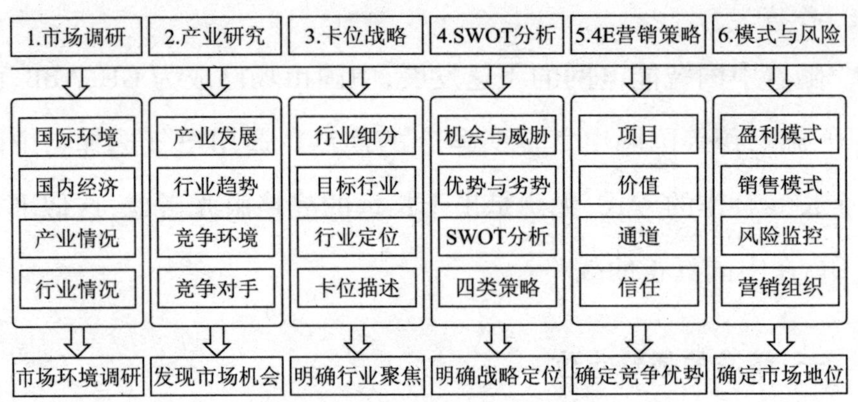

图1-3 精准战略定位示意图

发达国家是如何给予企业良好环境发展的。

随着知识经济和服务业的发展,制造业虽然在美国经济、社会发展中所占比重有所下降,但仍占据重要地位。其主要表现在以下几个方面:

一是制造业仍在GDP中占有较大比重。1987—2011年,制造业对实际GDP的贡献率为15%,是所有行业中最高的。

二是创造了大量的就业岗位,尤其是技术密集型的工作岗位。2011年,制造业提供了超过2000万个就业岗位,其中,1420万个就业岗位与制造业直接相关,另外还有600万个就业岗位与制造业间接相关。同时,制造业几乎提供了所有的高技能、技术密集型的工作岗位。而且,制造业的工资也远高于其他行业,2011年制造业的年平均工资为65000美元,其他行业为53000美元。

三是制造业仍是美国出口的中坚力量。2011年,制造业的出口占全部出口的61%。制造业的贸易总额占制造业经济总产值的40%;相比之下,全部非制造业行业贸易总额只占其总产值的6%。

美国政府为了保持制造业强国地位,实施的六大政策主要体现在以下几个方面:

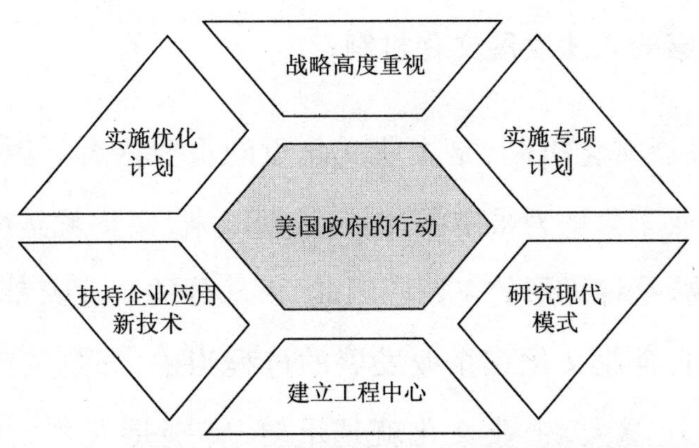

图 1-4 美国政府六大政策示意图

1. 从战略高度重视制造业的发展,出台了一系列促进制造业创新的措施和法令。

2. 制定实施重大专项计划,推动产学研对关键技术的联合攻关。

3. 积极研究和应用面向 21 世纪的现代制造模式。

4. 政府扶持建立工程技术中心,推动以信息技术为代表的高新技术在制造业中的应用。

5. 大力扶持中小制造企业对先进制造技术的开发和应用。

6. 实施制造业劳动力优化计划(MWEP),保证先进制造业对高水平劳动力的需求。

美国为了振兴制造业,采取了一系列的有力措施,提高了产品质量,缩短了产品设计和生产周期,使其制造业重新获得了国际竞争优势,推动了经济的高速增长,同时也给企业提供了良好的发展环境。美国的企业得到政府的大力支持，因此在发展过程当中相对顺畅得多。

三、健康的人才发展文化机制；

人才发展文化机制，是企业文化里的重要内容。说到企业文化，很多企业家会认为很空洞，因为长期以来，文化就是摸不着、看不到的事物，是种无形的东西。因此，大部分的企业家都认为不好把控。然而，企业文化在企业发展的过程当中，却是关键的因素。可以说，企业越大，企业文化就越重要，特别是人才发展的文化机制。

缺乏人才发展的文化机制，企业就很难寻觅高端人才。很多企业经常会听到员工抱怨，甚至大量离职。大部分与企业缺乏人才发展的文化机制有关。反之，大部分好的企业在这一方面做得很好。三一重工就是一个很好的案例。

三一用培训拆掉“柏林墙”

从近几年来看，三一频频在海外投资建厂、并购，可以看出三一正加快脚步实现国际化战略，“用国际化资源提升国际化的三一”也成了三一独特的国际化之路。然而，在国际化进程和跨国管理过程中，三一也不是一帆风顺的。

据了解，在三一重工六万多名员工中，超过1000位外籍员工分布在不同的岗位上。三一在国外建厂而形成的“混血”团队中，员工间的工作方式、思想结构的摩擦给三一带来不少的麻烦，常常两国的员工相互抱怨，甚至是咄咄逼人，为了解决这一难题，三一

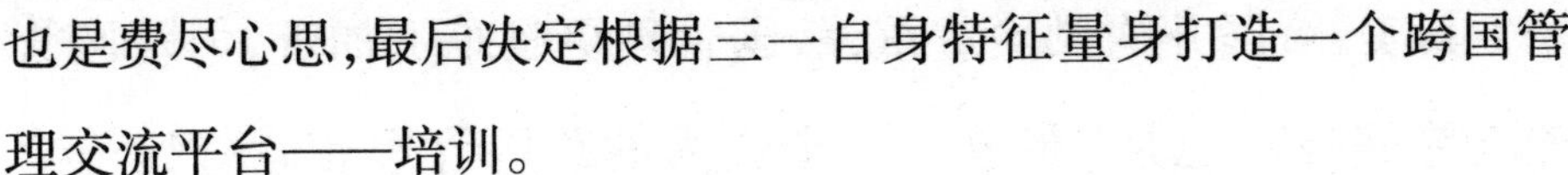

也是费尽心思,最后决定根据三一自身特征量身打造一个跨国管理交流平台——培训。

用沟通解决跨国管理难题,完善人才发展机制

随着中国企业国际化进程的加速,文化间的差异也更加明显。许多研究表明,25% ~40% 的公司在跨国并购中失败,就是因为忽略了国际间的文化差异。为此,三一重工在实施全球化战略时就很重视跨文化的沟通,让各国的员工相互了解、相互交流,相互渗透彼此间的文化,目前,已经有 7 位外籍员工(不包含华裔)成为公司高层领导人。

表1-3 人才培训方案

三一人才培训方案		
序号	跨文化项目培训实施阶段	具体项目
1	跨文化内部讲师培训	培训内部讲师的跨文化课程设计能力、素材的搜索能力等,以便为日后"混血"团队培训
2	跨文化理论培训	在研发、制造、营销等方面让各国学员相互学习
3	中美文化交流	让学员对中美文化理解误区进行探讨

可以看出,这一套体系都是比较有针对性的,能够让各国的员工相互间有更深的了解。据悉,不仅如此,三一还特地建立"双子塔",即各个主要岗位设置一正一副,如果主管是德国人,那么副手就是中国人,让中国人充当两种文化的"变压器",把三一文化、沟通逻辑等通过"变压"让外籍同事听得懂、能理解。

通过这种人才管理方式,不论企业任命的"封疆大使"是哪国人,他们对上、对下都能"八面玲珑",在工作中游刃有余,不会因为没有充分的沟通而造成猜测和怀疑,不会因为没有了解而难以跨越文化差异这道栅栏。

其实，跨国并购风险重重，跨国管理更是难上加难，但跨国管理既是“取经”也是“布道”，一个优秀的跨国管理者就好比一个“厨师”，不畏“众口难调”，照样能做好这锅“大杂烩”。从三一的跨国管理上我们可以得到一些启示，解决跨国管理难题的关键就是通过系统培训消除企业间的文化差异，让中外员工实现无障碍沟通。

四、坚持创新的模式

为何中国华为能够不畏惧寒冬，并且发展越来越大。华为在自我总结经验的时候说得很透彻：“纵观那些已经倒下的企业，固然有外力的作用，但根本原因还在于内部，在于自身生长的基因，能否保持持续的危机意识和创新精神，能否构建良好的模式及内部机制，进而长期地保持自身的内在活力，从而为企业提供生生不息的长期牵引力。”

企业适者生存，弱者淘汰，是市场竞争的常态，并非中国行业所独有，如何在淘汰竞争的“红海”中取胜，坚持创新的模式很重要。

很多企业模仿者多，创新者少，唯有创新才有出路。

表面上看，中国企业的症结在于今年国家经济形势不利，国际市场混乱等。但如果找不出深层原因，没有创新的模式，企业就无法走出泥潭。

企业如何做到基业长青，我们认为最重要的是以上四点因素。除此以外，我们还觉得企业面临困难，靠的是一个“勤”字，天道酬勤，终无绝人之路。企业成长之后，靠的是一个“智”字，要有智谋，外能协调关系，内能知人善任。企业要想基业长青，必须了解自身的优势，并且不断地去发挥扩大，有效地做到以上几点，坚持下去，基业长青终究会到来。

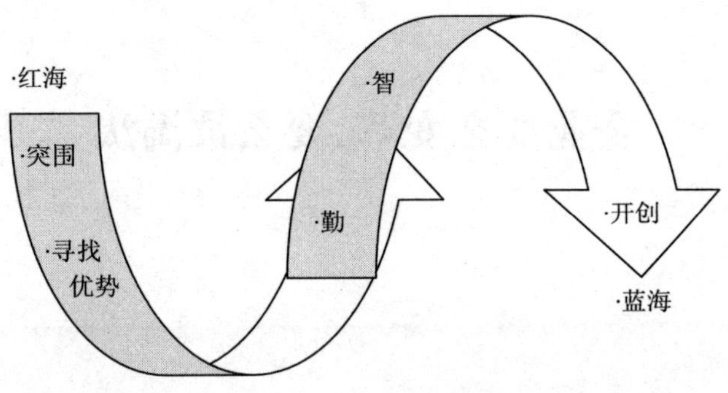

图 1－5　企业长青要素示意图

企业要么变革，要么被淘汰

【案例】 程总该不该放弃现有的企业

程总是浙江一家生产轴承的私营企业的老板，业务模式通常是以国外销售为主，国内为辅，出口美国比较多，然而经济转型无情地让程总的业务从每月的1500万订单，变成了180万，生产一下子变得资金运转不通。

程总转变思路，想先进攻国内市场，然而国内市场早已被SKF等一些名牌企业占据了。程总左思右想，眼看时间一天过一天，生产很多产品，可是国外订单却如此得小。打价格战也不合适，本身利润就很薄。整个企业几十号人在等着发工资吃饭。

如此尴尬的局面，让程总有点想放弃现有的企业。摆在程总面前的只有两条路：要么遭遇市场淘汰，放弃企业；要么企业变革，突破现有瓶颈。究竟程总该不该放弃呢？

相信很多企业都曾经遇到过类似的问题，不可否认，如果我们是程总，肯定也不愿意放弃企业。因此，如何进行企业变革，成为我们所要关注的问题。

企业如何变革？改变大环境是很难的，非个人或者单个企业的力量就能达到，只有集众人之力，汇众人之智，齐心才能改变。所以，目前企业除了努力向着这个方向发展以外，对于客观的经济及产业环境只能以适应为主，从中找出自己的机遇，规避风险与威胁，才能渡过难关。从形势的发展来看，述及欧、美、日本等国家，走上高端创造之路是变革的关键。除此以外，对中国企业来说，我们认为变革重点需要考虑以下几个因素：

第一，环境。中国是巨大的市场环境，我们应该通过机制创新吸引外资。面对资本逐利而行的现实，我们企业要抓住巨大的市场需求，吸引外商前来投资合作发展。

第二，硬件。中国很多地方的硬件已经是五星级的硬件。这种完善的基础设施和产业配套可以帮助企业进一步打造四通八达的立体交通网；另一方面，可以借助五星级的硬件打造相互支撑的产业链。我们企业应抓住这种硬件的优势进行变革。

第三，政策。查看政府出台相应的优惠政策，看有没有符合自身企业的条款。目前，东南亚国家纷纷采取优惠措施招徕加工制造企业，我国也在用地、税收等方面出台了相应措施，帮助鼓励企业发展。我们企业可往这方面去思考变革。

第四，合作。加强区域合作，优化产业布局，避免恶性竞争。我们企业要致力于建立合理的利益分配体系和有约束力的合作协议，这样有助于最大程度降低区域内企业的综合成本，实现资源的优化配置。

第五，自身调整。我们企业内部在管理方面要积极调整，向优秀的企业学习，提升我们自身的内功。攘外必先安内，内部管理出问题，再好的环境和政策也是白搭。

表1-4　企业变革评估表

项目	应该考虑的重点	什么地方容易出错	如何做准备
环境	1. 企业所处的行业是否能拥有市场潜力 2. 企业目前的竞争对手情况如何	1. 闭门造车不了解市场行情； 2. 市场竞争激烈，已形成红海局面，却不清楚	1. 进行市场调研； 2. 查看几年来影响最大的失败因素是什么
硬件	1. 自身的硬件设施是否能满足企业的发展？ 2. 哪些高技术含量的硬件设施对企业有帮助	1. 价位高的硬件设施不一定就能匹配企业，了解实用度； 2. 高科技的硬件，员工能否运用自如	1. 了解上下游产业链的情况； 2. 了解企业内部的真正需求
政策	1. 哪些优惠政策条件符合自身企业？ 2. 如何运用优惠政策进行企业升级	1. 对国家政策理解错误； 2. 忽悠政府的钱来不做事	1. 多咨询专家； 2. 多与政府单位接触
合作	1. 能否整合产业上下游企业联盟？ 2. 企业合作的利益如何分配	1. 合作融合度不匹配； 2. 发展理念不相同； 3. 看中短期利益，忽略长期合作	1. 寻找价值观相同的企业； 2. 寻找竞争优势互补的企业
自身调整	1. 企业团队及制度是否完善？ 2. 企业战略是否清晰	1. 企业内部管理混乱； 2. 企业盈利模式不清晰	1. 建立内部审核机制； 2. 企业定期诊断

第二章 企业不被淘汰的三大关键

企业如果不变革，那么一定遭淘汰，这已经成为了一条金科玉律。国家经济不理想、国际环境不景气、能源及原材料价格的上涨、劳动力成本的上升以及人民币升值等，都已成为勒住企业咽喉的经济绳索。从前些日子发生的东莞“企业倒闭潮”以及珠三角企业集体搬迁等事件来看，部分环境中的企业状况已经有恶化的趋势。这段时期是企业的艰难期，竞争力不强的企业会被逐渐淘汰。企业要想不被淘汰，一定得把握好三大关键：营销模式、整合资源、卡位为王。

营销模式

【案例】 /// 华威如何破解紧固件行业困局

曾经一家只有几十平方、三四台冷镦设备、五六人的小作坊经过20年的蜕变，已发展成为世界500强企业的长期合作伙伴。而华威生产的"FL"牌紧固件产品在行业内早已家喻户晓，公司40%的紧固件产品远销海外。在"欧债危机"、"物价上涨"、"劳动成本上升"等诸多不利因素的影响下，不少企业在发展道路上都遇到不少"绊脚石"，面临发展新考验，华威却逆势而上，2011年完成2亿元销售额。那么，面对竞争日渐白热化的紧固件行业，东北华威有什么破解之道呢？

以质为本，实行企业转型升级

2011年，紧固件行业可以说是多事之秋，一系列因紧固件质量问题导致的安全事故发生，紧固件产品面临着质量关的考验。但行业内拥有较大影响力的东北华威却在这一年逆势而上，销售额达到2亿元,同比增长了20%。并且还赢得国外客户的青睐,甚至有一家德国设备企业独家代理华威的产品。

表2-1 因紧因件原因发生的事件列表

2011年因紧固件原因发生的事件		
时间	事件	发生的原因
2011.04.01	西南航空飞机事故	因铆钉质量问题,没有进行正确核对,致使畸形、非圆形上机,后松动脱落导致飞机顶部裂口
2011.05.18	韩潜艇禁航	螺丝在航行时松动折断
2011.07.05	北京电梯门	驱动主机的固定支座螺栓松脱,1根螺栓断裂,致使主机支座移位,造成驱动链条脱离链轮,上行扶梯下滑
2011.11.28	法航飞机停飞	法航一架客机在华检修时,发现一块保护板少了30个螺丝钉,飞机存在严重隐患

"罗马不是一日建成的",在紧固件行业竞争激烈、事故不断的情况下,华威还有如此的突破,主要还是因为华威人多年来都是秉着"质量至上,诚信为本"的原则,产品质量不合格绝对不出厂。在同行激烈竞争已经达到白热化程度时,东北华威不仅主攻自己现有的不锈钢标准件产品,还加大力度生产不锈钢非标准件,并增添了铸造件这条产品线,主要为船舶、电力、电子等行业进行配套生产。

立足传统,营销模式升级,借力网络营销

21世纪,既是人才竞争的时代,也是电子商务高速发展的时代,现在越来越多的工业品企业开始意识到要利用网络来开疆辟土,推动企业的高速发展。华威作为不锈钢标准件生产的"老大",不仅专注于传统的营销模式,更是早已开辟了网上销售渠道,产品远销欧、美、日、韩、东南亚等国家和地区。为此,2012年,华威利用各大网络平台,全面推动网络营销团队建设,促进产品营销。

放宽视野，明确定位未来发展方向

目前，紧固件市场的竞争已经发展到你死我活的境地，如果只是死守国内这块地，迟早会有“吃不饱”的时候，寻找新的发展方向对一个企业来说事关重大。随着近年经济的飞速发展，国家经济政策的陆续出台，西部大开发战略的实施成了东北华威心中的“猎物”。为切得一份大蛋糕，华威立足成都，以成都为中心向四周辐射，扩大市场份额，提升品牌影响力，并在海外致于力品牌营销，立足于全球市场。

其实，放眼我国紧固件市场，那些技术含量高、性能优异、质量上乘、具有个性化产品的企业还是有所欠缺，如果不自我突破，专注本行，提高各种能力，放宽视野，迟早死得很惨。华威的成功，正是营销模式的变化带动了企业的发展。正如东北华威祝经理所说：“紧固件行业低价、低端、同质化的路线是行不通的，做精做好产品，扩大营销渠道，通过自己的产品(紧固件)在公司与客户之间搭起一座友谊的桥梁，才能保持企业长期稳步发展。”

从华威的成功中，我们可以看到营销模式的重要性，正是营销模式的力量帮助华威不仅渡过了金融危机，而且强势上升。在中国经济转型期的今天，很多企业问，究竟靠什么竞争才能胜利？

有人说，赢在战略。的确，历史告诉我们：先知先觉是机会者，后知后觉是行业者，不知不觉是客户。

有人说，管理为王。李东生先生说：“20 年前，中国企业家不看西方管理的书籍，那是无知；20 年后，还只看西方管理书籍，那就是无能了。”

有人说,服务制胜。我常说企业要有两个中心:内部以员工为中心,否则,被员工出卖;外部以客户为中心,否则,被客户出卖。没有员工的满意,哪来客户的满意。然而,行业不好时,再好的服务效果也不佳。

那么企业究竟靠什么竞争才能胜利?

我们的答案是:营销模式。目前的局势,企业竞争是模式智慧的竞争。

一、什么是营销模式

简单来说,就是你想怎么卖,通过什么形式、什么组织去卖,企业明确目标市场后,通过一系列的营销方式,以营利为目的构成的组合模式。

换句话说,企业想要建立核心竞争力,拥有竞争优势,有两点非常重要:一是比竞争对手做得更出色、更有效。例如:国内大部分的产品价格就要低于竞争对手,而且低很多;二是相对于竞争对手形成有效的差异化。例如三一重工、西门子等用品牌的优势与竞争对手形成有效的差异。三一重工、西门子、GE 集团成功的一个重要原因就是营销策略有重点,并且是营销策略的结构化组合,而非见招拆招、针锋相对的"点状"应对。这种根据市场竞争态势、行业市场环境等确立有机的、结构化的营销策略组合,并围绕着营销策略的重点来配置资源的营销运作方式,就是营销模式。

二、新兴的营销模式:4E 营销

一提到营销模式,也许大家都会想到科特勒的4P、6P、4C 等关键词,不可否认这些营销模式曾在市场经济的某一阶段,或者某些方面,给市场经济和企业的发展提供了适合的市场策略和手段。然而随着市场经济的细分化和快速发展,4P 等一些传统的营销模式已经无法适应快速发展的市场环境。

现代营销理念认为,营销模式当中,营销管理重在过程,控制了过程就控制了结果,结果只能由过程产生,什么样的过程产生什么样的结果。企业采取"结果导向"还是"过程导向"的营销管理,在很大程度上决定了营销管理最终的成败。我们并不完全反对依靠结果,进行营销管理,通过对营销结果的分析,能够发现问题并采取有效的措施进行控制。但实际上,"结果导向"的控制只能起到"亡羊补牢"的效果,因为结果具有滞后性,如果单纯根据具有时间滞后效应的"营销结果"进行决策与营销管理,是行不通的。所以过程的管理在营销中起着决定性的作用,特别是对于工业品行业。

4E 营销模式是指以项目为龙头,以价值为导向,以渠道为主,以信任为原则的营销组合模式。

项目—project

一个项目似乎就是产品,把产品更加扩大化,把产品更好地结合到了客户,产品决策更多地体现在了一个项目的决策。

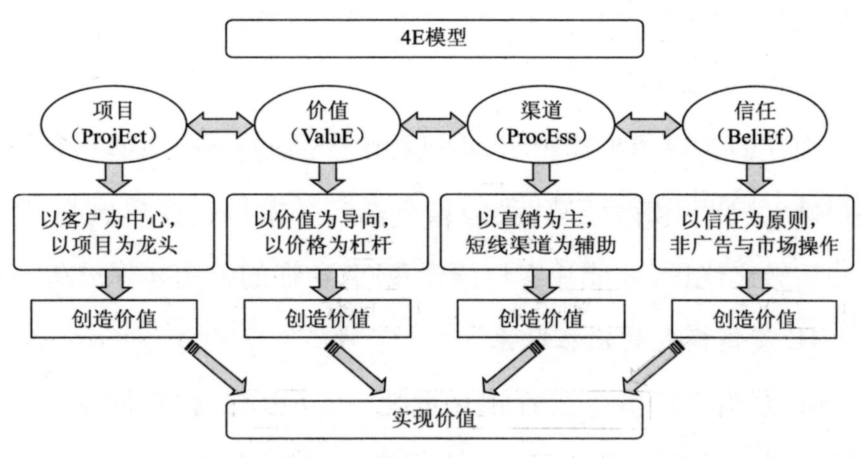

图2-1 4E营销模式示意图

价值—Value

未来的营销不是仅仅看中价格，更多看中的是价格、质量、交货周期、服务、成功案例、业绩证明等。有时价格比较低，但是服务比较差，质量没有保障，客户往往不能接受，因为他的风险意识会大大地提升，谁都担心购买产品后出问题，所以更加重视价值。

渠道—process

对于快速消费品来说，面对的是14亿中国人，因此要求产品到达客户的面非常广、深、宽，以至让更多的客户来购买其产品；

然而对于工业品来说，往往面对的是企事业单位，他往往是直销(0级渠道)，或者短渠道(1级渠道)。由于技术含量比较高，渠道短就能够及时反馈与支持，渠道越长，支持的力度越小，对客户的服务越差，口碑越差，行业内的影响力就会有负面的影响。因此对于工业品来说，营销以渠道短为上。

但无论是快消品还是工业品，渠道在营销模式中都起着关键的作用。

信任—belief

现在的客户越来越聪明,不仅看中产品的宣传,更看中市场上的口碑、美誉度和信任感;我们只有把产品做得让客户放心,免除客户后顾之忧虑,才能让客户信任我们,这样的营销才算成功。

4E 营销模式的内在联系

4E 营销模式里存在着相互重叠、相互影响、相互依赖的内在联系。在日益激烈的竞争中,它们充分发挥着四者的力量,形成合力。

■ 价格和渠道是实现价值的手段;

价格是唯一形成收入的营销手段。尽管非价格因素在现代市场营销中的作用日益突出,价格仍是营销成功与否的决定性因素之一。但是,企业之间的“价格战”有了新的演绎,那就是价格向价值的转变。在营销中,应该突出的不是产品价格,而是产品价值。营销不是以价格取胜,而是以能够提供客户所需要的价值获胜。

■ 项目是贯穿整个 4E 模型的实体性框架;

项目其实指的是在营销中的销售流程管理系统,它提倡的是过程管理,并且认为控制过程比控制结果更重要。而在这个过程当中,会有管理理念的深入讨论,会有价格向价值的转向,更会有渠道之间的设计问题,它并不是孤立的、单一的销售原则或者销售流程,而是贯穿这个模式始终的框架,是一个由各方面要素组成的管理系统。

■ 信任是项目执行的前提;

信任不仅是营销的灵魂,更是项目执行的前提。单单依靠关系搞定项目评估小组是不够的,在营销过程中,由于项目涉及金额一般比较大,客户都是非常慎重的,他们都希望采购到的东西最耐用,所以这个时候,往往是信任起了很大的作用。

三、运用营销模式的前提

有效的营销模式能够帮助企业更好地成长,远离被淘汰的命运。然而要想运用好营销模式,前提是营销战略的准确定位。目标市场选择、产品和品牌定位等营销战略如果发生错误,企业将注定是走在一条没有前途的错误的路上。有效的营销模式只能减少损失,不可能使企业的发展“柳暗花明”。在营销战略正确的前提下,按照常规的、甚至见招拆招的营销策略组合可以帮助企业确立竞争优势。

在经济转型期,我们的企业如果采取正确有效的营销模式,很有可能获得更大的竞争优势,甚至击溃竞争对手,同时使企业的营销能力获得提升。这就是营销模式的力量。

整合资源

【案例】 华胜天成面对危机的策略

IT 综合服务提供商华胜天成在面对危机时，通过资源整合，选择了通过与其重要战略合作伙伴戴尔公司的精诚协作，成功签约艾默生网络能源有限公司(ENPC)IT 系统运维及用户支持外包项目，项目为期三年。此次资源整合后的合作是华胜天成向 IT 服务外包领域踏出的坚实一步，再次印证了华胜天成在资源整合战略的促进下已拥有雄厚的 IT 服务实力，更为华胜天成业务突破 IT 基础设施外包瓶颈、上升到 IT 应用外包层面开辟先河，实现公司业务层次的成功跨越。

此次资源整合将是华胜天成发展公司 IT 服务，向 IT 综合服务提供商转型的一个里程碑事件，也是公司不断深化“服务和联盟”战略成效卓越的体现。华胜天成将通过服务戴尔的终端客户艾默生，实现客户 IT 运营成本的降低，提升运营效能。双方将在良好的合作基础之上，结合国内外丰富的运营经验和快速反应能力，为艾默生提供完善的客户化 IT 服务。

通过对行业的专注和持续的创新，华胜天成已经成为客户信任的 IT 综合服务提供商，并在重大项目实施中多次被国际厂商慧眼相中，携手合作。目前，华胜天成正在积极推进更多的资源整合，着力整合上下游资源，提升高端服务领域的竞争力，致力于提供面向客户的 IT 专业解决方案。此次成功，让华胜天成赢得业界更多关注和信任的同时，也赢得了合作伙伴更强大的信心。

成立于 1998 年的华胜天成之所以在短短的十余年间发展成行业内知名的上市公司，它的成功在于不断地与合作方进行资源整合。与 DELL 合作成功拿下艾默生这个大客户，是华胜天成成功的里程碑，不仅有助于它在业内把品牌快速传播出去，更有效地预防了经济转型带来的困难，远离被淘汰的命运。

整合资源可以将双方的优势资源有效地结合在一起，最大限度地提高核心竞争力，形成"双赢"的局面。

企业可以利用合作伙伴所拥有而自身不具备的各种战略资源、生产或经营上的诀窍以及独特的企业管理文化等进入某一个崭新的领域，并带动整个企业的再发展或工程再造。特别是与行业当中的大企业进行整合，能够更好地形成竞争优势。

一、整合资源常见的五大优势

1. 协同性，整合联盟中分散的公司资源凝聚成一股力量；
2. 提高运作速度，尤其是当大公司与小公司联合时更应如此；

3. 分担风险，使公司能够把握伴有较大风险的机遇；

4. 加强合作者之间的交流，使他们在各自独立的市场上保持竞争优势；

5. 通过资源整合可获得重要的市场情报，顺利地进入新市场，与新客户搞好关系，这些都有助于销售的增长。

二、整合资源时需要考虑的问题是：

1. 竞争。根据大多数的规定，参与合作的企业不得与合作涉及的领域发生直接的竞争，但是在签署这个协议时务必谨慎从事，因为双方企业的战略地位在将来可能会发生巨大变化，与联盟发生利益冲突是双方不愿看见的。双方所拥有的技术应当进行适当保护，否则，就有可能被其中一方用于私自目的，甚至于被用来与主要竞争对手成立另一个联盟。即使拥有先进的技术，有些企业也不愿意立即把它应用到关系不牢固的联盟中，因此必须在双方建立起高度信任关系后再投入新技术，这样做可避免对方可能的侵害。

2. 无法克服的风险。资源整合可以分担风险，但不可逾越风险。无论协议制订的过程是多么小心谨慎，技术上的失败仍是技术开发整合失败的主要原因之一。美国麦肯锡咨询公司发现技术开发合作的失败率是50%，原因就在于技术开发的风险很高。在许多技术合作中联盟本身并没有失败，而是技术开发遇到了突破上的困难，整合没能达到最终目的。

3. 战略转换。有的合作是为了取长补短而建立的。然而随着时间的推移和战略环境的变换，当其中一家企业的弱点不再存在时，它的战略也应该随之发生转换，这样合作存在的基础就发生了变化，另一家企业将不得不改变它的合作战略。

4. 经营运作的有效性。一旦总体战略制定正确，是否成功将有赖于经理们的经营运作，选择了不善经营的经理很可能导致合作的失败。另外，在合作中，一合作方若过于相信对方处理问题的能力，尤其是当这些问题被认为是在对方熟练操作的领域内，其结果常常是遭遇失利的。正因为有的企业忽视了合作与单一企业在管理上的共性和个性，没有给予对方足够的重视和支持，导致整合往往因缺乏有力的支持而机能失调。

三、整合资源的程序

第一，挑选合适的合作伙伴阶段。

企业在合作之前，首先要树立明确的战略目标，并据此来寻找或接受能帮助实现战略意图、弥补战略缺口的合作伙伴。这是一项艰巨的任务，它需要高级管理层了解双方在一定时间里的目的和战略。一个合适的伙伴的基本条件是：能够带来本企业所渴望的资源、技能、知识风险分担和进入新市场的机会等优势。还要注意，文化上相容、相似的企业比有较大文化差异的企业更适合成为合作伙伴。

第二，资源整合的设计和谈判阶段。

成功的资源整合不仅是以交叉许可安排、联合开发、合资经营、股权共享等联盟方式为基础的初始合作协议，还包括厂址选择、成本分摊、市场份额获得等通常的细节以及对知识创新、技术协同等方法进行设计。企业的高级管理层还应就资源整合的共同目标与主要的中层经理和专家进行沟通。另外,由于合作伙伴之间往往存在着既合作又竞争的双重关系,双方应对联合与合作的具体过程和结果进行谨慎细心的谈判,摒弃偏见,求大同,存小异,增强信任。

第三,整合资源的实施和控制阶段。

整合资源的最终目的是通过合作提高企业自身的竞争能力。合作内的企业应该把通过联盟向对方学习作为一项战略任务,并尽快最大限度地将联盟的成果转化为我方的竞争优势。合作往往需要双方进行双向信息流动,每个参加的企业都应该贡献出必要的信息供对方分享,从而提高合作的成功率。同时企业要合理控制信息流动,保护自身的竞争优势,防止对方得到我方应予以保护的关键信息,做出有损我方的行为,因为合作伙伴极有可能成为将来的主要竞争对手。

表 2-2 企业资源整合评估表

资源内容	详细分类	是否拥有	数量	详细情况
人才团队	企业经营管理人才			
	创新人才			
	海外高层次人才			
	国家高技能人才			
	销售精英			
	技术精英			
	人力资源精英			
	品牌策划精英			
	财务资本运作团队			

续表

资源内容	详细分类	是否拥有	数量	详细情况
销售渠道	销售渠道			
	连锁加盟渠道			
	招商渠道			
	推广渠道宣传			
品牌建设	品牌建设			
	品牌宣传推广			
	品牌管理			
客户资源	开发新客户比例			
	开发老客户比例			
	老客户转介绍比例			
	客户满意度情况			
技术专利	国家专利			
	省级专利			
	世界级技术			
	产业前沿技术			
	稀缺技术			
	高新技术			
	科研成果技术			
日常盈利情况	固定成本			
	浮动成本			
	利润率			
	增长率			
人脉关系	政府关系			
	国企央企			
	稳定客户源			
	银行金融机构			
	协会商会			

续表

资源内容	详细分类	是否拥有	数量	详细情况
行业整合	上游产业链			
	下游产业链			
	同类型行业			
竞争优势	销售优势			
	技术优势			
	其他优势			
其他项目				

卡位为王

【案例】/// Y企业挖掘优势,成功卡位

Y企业是一家生产工业电气自动化产品的企业,它的技术和服务可以满足很多细分市场上的客户需求。创业初期,Y企业在对市场需求初步了解之后,决定将主要力量定位于电力、钢铁、石化、港口、建材、煤炭等重工业部门。

但是在接下来的市场推广过程中,Y企业四处出击,却不幸在各个行业屡屡遭到竞争对手的强烈狙击,均无功而返。经研究之后Y企业发现:虽然各个行业对产品的基本需求相同,但在附加功能方面的价值需求却千差万别,只有对行业设备与工艺情况、行业标准有深入的了解才能满足客户独特的价值需求。此前之所以屡战屡败正是因为对市场的细分过于粗浅。

吸取教训之后,Y企业决定挖掘自己产品的优势,找寻适合自己的细分市场。通过调研,Y企业发现自己的产品在功能上最能满足钢铁厂对冶炼方面的需求，而且在这个细分市场上竞争对手无论在企业规模还是产品质量上都无法与自己相比。于是，Y企业决定暂时放弃其他行业，集中一切资源开拓钢铁这个市场。如今Y企业生产的产品在钢铁这个细分市场上占据了75%左右的市场份额，成为当之无愧的市场领袖。

在没有水喝的撒哈拉沙漠里，依然有可口可乐，这是可口可乐成功的体现。

在有人的地方，就有中国制造的产品，这却不能看作是中国制造的成功。

在国外客户的心目中，中国制造意味着低价和模仿，而并不意味着质量、品牌、文化和价值。即使是国内客户，对中国产品的认同度也不够。

我们拼搏了三十年，我们做大了，却并没有做强，并且有被淘汰的危机。

中国式战略，该爱还是该恨？当产能大跃进遭遇需求锐减，企业何去何从？习惯于模仿的中国企业，如何应对经济转型期的挑战？

很多企业的失败，不是因为企业的管理不好，也不是因为企业的技术力量不强，最大的可能是企业的战略错了，错误地估计了形势，或者忽视形势的变化，最后丧失了竞争优势。

一、认清形势是进行战略的基础

有这样一句话：形势比人强。企业战略规划就是评估企业的形势，分析企业的优势、劣势、机会和威胁，确定企业的总体目标，制定行动方案。企业对形势判断出现严重失误时，可能会承担破产的后果。相应的，如果企业顺应了形势，制定并落实了适宜的战略，将从中受益。

20 世纪 80—90 年代，IBM 公司推动了个人电脑的兴起，却误判了形势，受到破产的威胁。同样，惠普公司由于制定了切实可行的公司战略，从而显现出繁荣发展的气象。

华为的兴起也是起因于对电信业发展形势的正确判断。

创立初期，国内在程控交换机技术上基本是空白，华为总裁任正非敏感地意识到了这项技术的重要性，他将华为的所有资金投入到研制自有技术中。很快，华为研制出了 C&C08 交换机，由于价格比国外同类产品低 2/3，功能与之类似，C&C08 交换机的市场前景十分可观。

但是，当时的国际电信巨头大部分已经进入中国，盘踞在各个省市多年，而且为了挤对国内的新兴电信企业，开始大幅度降价。华为要与这些拥有雄厚财力、先进技术的百年老店正面交锋，未免是以卵击石。当时，国际电信巨头的分支机构最多只设立到省会城市以及沿海的重点城市，对于广大农村市场无暇顾及，而这正是华为这样的本土企业的优势所在。另外，由于农村市场购买力有限，即使国外产品大幅降价，也与农村市场的要求有段距离，因此，国际电信巨头基本上放弃了农村市场。

任正非看清了电信业的形势后，马上投入到了农村这个细分市场。事实证明，这个战略不仅使华为避免了被国际电信巨头扼杀的命运,更让华为获得了长足发展,培养了一支精良的营销队伍,成长起来一个研发团队,积蓄了打城市战的资本。

二、企业必须注意的各种形势

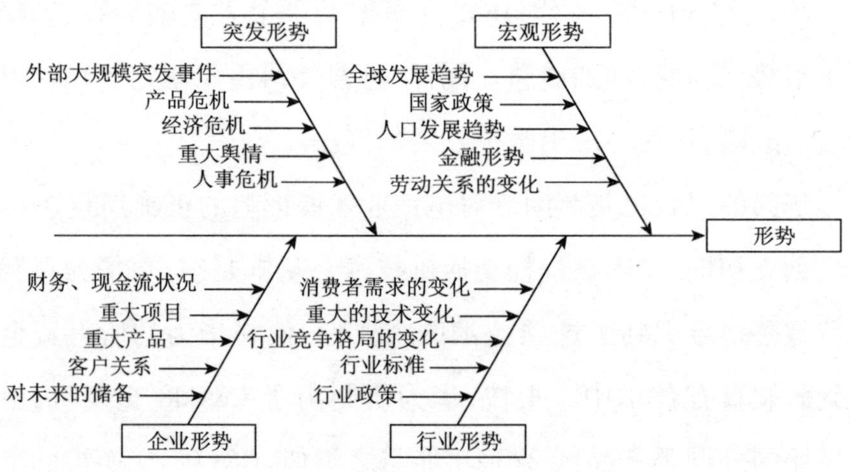

图 2－2　企业必注注意的各种形势示意图

企业必须注意以下四类形势:

第一类形势是宏观形势。宏观形势是对企业的中长期发展方向、战略具备重要影响的外部形势,包括全球发展趋势、国家政策、人口发展趋势、金融环境、劳动关系的变化等。很多人惊叹于日本的小汽车长驱直入欧洲和美国市场,实际上日本汽车公司早就制定了石油短缺的环境下的发展战略,同时尽量开发小型节油汽车。

20 世纪 60 年代末,美国汽车工业的“三巨头”——通用汽车公司、福特汽车公司和克莱斯勒汽车公司几乎是不约而同地做出集中生产体积大、耗油多的小汽车的决策。然而,不久之后爆发了“石油危机”,这三家企业正在实施的战略计划根本应付不了市场的突变,被冲得支离破碎。欧洲市场也是类似的情况。此时,日本将早已研制好的轻型节油小汽车大量投放欧美市场,它们如鱼得水,一举攻占了欧洲和美国市场,并登上了世界小轿车市场霸主地位。

第二类形势是行业形势。行业形势影响着企业的运营和战略方向,包括行业政策、行业标准、行业竞争格局的变化、重大的技术变化及客户需求的改变等。

第三类形势是企业形势。企业形势来自于企业内部,能够直接影响企业运营。其包括企业的财务形势、现金流状况、企业的重大项目、重大产品的状况、企业客户关系的变化,以及企业对未来的储备。与宏观形势和行业形势不同,企业形势是企业自己能够把握和控制的。

第四类形势是突发形势。外部的大规模突发事件、产品危机、经济危机、重大舆情、人事危机这类突发形势。企业利用得好,可以带来重大收益,企业利用得不好,可以导致重大损失。突发形势的特点就是突然性,它需要企业快速反应应对。

2000 年的中美史克 PPA 事件一直被业内津津乐道。当年 11 月,国家药品监督和管理局发布的一则《关于暂停使用和销售含苯丙醇胺的药品制剂的通知》,宣布暂停销售含有 PPA(苯丙醇胺)的 15 种药品。史克公司的两个主打产品康泰克和康得正含有这种成分。康泰克在过去的十多年间,占据感冒药非处方药市场份额的 40%,这样一来,康泰克一下子就被推到了浪尖,几乎所有的人都把目光投向了康泰克的生产制造商史克公司。

当整个事件发生后,史克处理危机时的表现被当做了企业处理突发形势的典范。史克妥善做好了危机公关,由于扣住了大股东、客户、经销商、企业员工关系这四大命门,所以顺利地渡过了危机,为后来新康泰克的复出创造了条件。

三、认清形势,制定战略

认清形势,抓住机遇是企业成功的重要条件。企业在其从事行业的蓬勃发展阶段,紧紧抓住各种机遇,才能获得市场的主动权。而机遇往往是偶然的,可遇不可求,需要去创造,也需要去寻找,一旦找准切入点,制定有效的战略,离成功就不远了。

华为集团在进军海外市场时,认真研究了国际市场的形势,决定不正面和欧美跨国公司碰撞,而采用了国内使用的先迂回侧翼的战略。

1995 年,华为启动了拓展国际市场的艰苦漫长旅程,起点就是非洲和亚洲的一些第三世界国家。经历了 6 年的漫长拼搏,终于有了成效,华为的产品成功地进入了非洲、亚洲等十几个国家,年销售额超过 3 亿美元。华为品牌也逐步从这些第三世界国家走向全世界。

四、制定战略,定位的艰难

制定战略,就必须首先需要定位,找准你的竞争优势。

30 年前,特劳特和里斯提出了“定位”理论,成为影响深远的营销理论。30 年过去了,市场已发生变革性的变化:全球化使世界各国的企业在同一个屋檐下竞争——竞争加剧，影响竞争的因素复杂化。信息化使各种信息在客户的脑中穿梭——信息爆炸，客户无所适从。不变的是市场竞争的残酷性。

在非洲，瞪羚每天早上醒来时，他知道自己必须要跑得比最快的狮子还快，否则就会被吃掉。狮子每天早上醒来时，他知道自己必须要追上跑得最慢的瞪羚，否则就会被饿死。

不管你是狮子还是瞪羚，当太阳升起时，你最好开始奔跑。

曾经的理论所言：企业定位，需要始终如一，坚持数年。在30年前，这是可行的。在今天，许多行业产品生命周期以月计算，“定位”是一项奢侈的营销活动，市场的变化促使企业不断“重新定位”。同时客户也变得更加挑剔，他们不再是被动接受，他们需要个性化的商品，他们变得没有耐心，他们需要第一时间获得商品。

零时间、零距离，正就是今天企业的竞争生态。就像在奔跑中打靶瞄准的艰难一样，在这种竞争生态下，“定位”也是艰难的。

五、卡位为王，从定位走向卡位

市场的变化迅猛无常，影响企业成败的因素变化多样，使决策者很容易发生种种失误，企业的定位与市场脱节，销售不佳，陷入困境。反过来看，在广告泛滥、信息爆炸的市场中，客户也需要用尽心力去筛选产品。若想抓住客户的心，企业就必须先了解客户的思考模式。客户能接受的信息量很有限，而且缺乏安全感，所以那些专业的大品牌更容易走进他们的视野。

企业在目前这样的市场中是不容易定位的。另一方面，动态的市场变化下市场格局也经常发生变化，在变化的市场格局之下时常有机会出现。发现机会，在市场缝隙中创造一个有利于企业的新秩序，把自己的品牌卡位在新的位置上，使产品以新的观念在客户心中重新排位，这才是企业的正确选择。

第三章 卡位战略——创造远离淘汰的行业游戏规则

企业之所以被淘汰，主要原因在于竞争优势不够明显。这是一个竞争激烈的年代，企业之间竞争的激烈程度超过了历史上任何时代。企业之间面对面的搏杀将市场染成一片红海。如何打开局面，创造出一片属于自己的蓝海？如何远离被淘汰的命运？

“卡位”，就是创造蓝海的行动计划。卡位的成功模式是：寻找有效的切入点，并充分利用和整合企业的自身优势，准确卡位，可以开辟新的市场、新的渠道或者新的商业模式，创造新的游戏规则。开辟蓝海，使对手在短时间内无法模仿和超越，建立不易攻破的竞争壁垒和持久的竞争优势。

如果你创造了行业游戏规则,结果会是怎样?

【案例】 远大中央空调的卡位策略

空调根据电能来源可以分成两类:第一类,用电的,叫电力中央空调;第二类:用太阳能环保、沼气、天然气这样的能源来做中央空调,叫非电中央空调。远大中央空调把市场一分为二,然后专注在非电领域。在这个领域有许多发明,技术方面的研发也申请了很多专利。

远大中央空调公司从1991年就开始集中力量专门研究空调的主机,开发出当今世界上最先进的制冷、溴化锂制冷机、冷温水机等,并不断进行研发。其中,远大靠燃气做的份额非常大,单纯从燃气这个狭窄的市场看,它的份额绝对是行业的隐形冠军。由1991年开始,到今年为止近20年,远大一直不停地专注在非电领域,定位非常清晰。

目前为止在非电的领域,远大中央空调在细分市场上是全世界第一名。它是目前全球规模最大、技术水平最先进的燃气空调制造商,号称非电领域空调第一品牌,成功地在非电领域赢得了很好的卡位效果。目前在市面上,只要一提到非电空调,客户首选远大中央空调。

因此,目前非电领域的空调行业里,所有的企业都以远大中央空调为标准。

远大中央空调成功地创造了该行业的标榜,引领着该行业的游戏规则。

从以上案例,我们可以看到,远大中央空调通过卡位,成为了行业第一品牌,从而引领了该行业的游戏规则。

一、创造游戏规则的好处

一个庙里有七个和尚,因为香火不旺,粮食很紧张,他们每天都为分粥而争吵不休。为了能公平地分得食物,他们制定了很多规则——一开始的规则是每人每周轮流分一次粥,结果只有自己分粥的那天能吃饱肚子,其他人纷纷抱怨。之后规则又改成三个人分粥,四个人作为监督员,结果他们相互指责,不停争吵,粥都凉了也没讨论出个结果。他们继续调整规则,改为推选一位大家都信服的、德高望重的人来分粥,一开始还好,但是时间一长,开始产生特权腐败,有人为了能多分粥,就去巴结讨好那个分粥的人,慢慢食物又开始分配得不均匀。最后,有人想出了这样一个规则:每个人轮流分粥,但分粥的这个人必须要别人挑完剩下的那碗粥。于是,每个分粥的人都很仔细地把粥分均匀,因为他们清楚,如果粥分得不匀,最少的那碗一定是自己的。这样一来,他们再也没有争论过,每个人分的粥也都一样多。从这个故事中可以看出规则的力量。

规则是一种方法,是一种制度,一种次序,一种文化,但规则又不仅仅于此,因为,规则不仅仅是一种“术”,更是一种“道”。对于今天的企业来说,一个好的规则可以让你的营销活动变得轻松高效,在客户面前充满魅力。如果能把规则上升到战略的高度,对企业来讲就是一种强大的竞争力。

总结来说:

1. 创造游戏规则,可以建立自身竞争壁垒,给竞争对手设置阻碍;

2. 创造游戏规则,使竞争对手在短时间内无法复制和超越,从而快速占领市场;

3. 创造游戏规则,可以使企业创造出属于自己的一片蓝海。

二、创造游戏规则的关键点:需要了解客户真正的需求

多数企业并不了解客户的需求,它只是从自己的产品或服务出发,说服客户去接受,并没有从客户的需求出发,真诚与客户沟通。客户总是有两组需求,“有声的需求”与“沉默的需求”。能明确说出的是一组,称之为“有声的需求”;另一组是没有说出来的,称之为“沉默的需求”。

1. 有声的需求

通常,大多数厂家商家试图满足的都是“有声的需求”,因为了

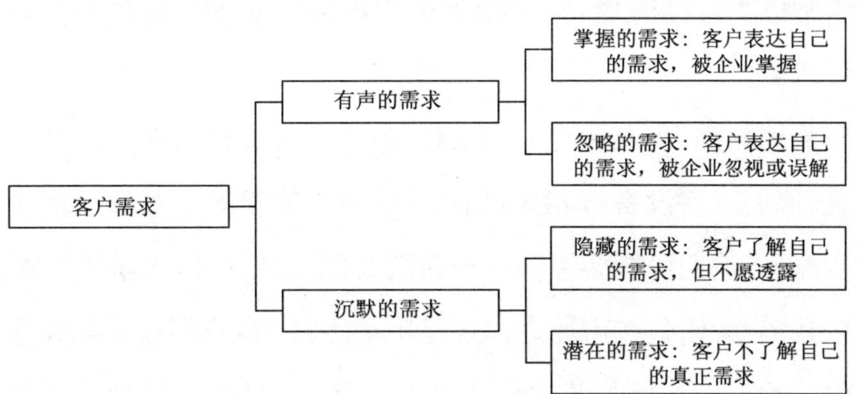

图3-1 客户需求示意图

解这种需求并不困难。

实质上，对于“有声的需求”，厂家商家也并未完全掌握。很多企业做大了，做成功了，管理者、决策者就开始脱离客户了，他们所掌握的需求要么是自己臆想出来的需求，要么是下属汇报上来的失真的需求。需求掌握得不充分，做事情、做企业就会丧失方向感。

2. 沉默的需求

困难的是识别客户沉默的需求。沉默的需求也分为两种情况：一种情况是客户很了解自己的所需，但不愿意向商家透露。客户很了解自己需要什么、不需要什么，但是又不愿意向销售人员坦诚，这就说明他们有一定的顾虑，可能认为销售人员所在的公司不可靠，可能对商家公司的产品或服务不信任，也可能不了解自己所需产品的市场行情。

另一种情况就是客户不是很清楚自己的真正需求，需要引导、帮助和分析。一些时候，客户往往不能确切了解自己需要什么，他们常常以为自己清楚,但实际上他们提出的需求只是依据当前的工作所需。

采用新产品、新设备、新技术、新系统通常会改变他们的工作方式,他们以前没有过相关的使用经验。随着客户对这些的了解逐步深入,他们可能会想到各种新的功能和特色,提出新的需求。

其实,无论是在市场之内还是市场之外,客户都在不断地表达着他们的需求。行业变化会产生客户需求,日常的销售反馈就是客户需求,客户的抱怨也是需求,售后服务人员的电话记录单中也有客户需求,研发人员的创新也是客户需求。只有企业整体时刻保持对客户的关注,挖掘他们的隐形需求,才能真正做到了解客户需求。也只有企业整体重视起来,从实际出发,以客户为本,才能真正达到对客户需求的了解。

通用电气在这方面就做得很好。

通用电气并不生产电脑,但他们卖给一家中型企业价值50万美元的电脑。很多厂家都能生产电脑,但只有通用电气不仅出售电脑,还提供自选配置、附件、服务和融资。由于这家公司与客户的联系是电子化的,公司需要电脑来支持对客户的服务,而融资提供了资金的来源,使企业能够更好地匹配收入和支出,进行一项为期三年的技术改造。通用电气看到了这一系列需求,满足了他们的需要,为他们提供了一个解决方案。

这种案例在通用电气的销售记录上比比皆是。正是因为充分了解企业的需求,帮助客户真正地解决了问题,通用电气才赢得了客户。

一般来说，客户并不十分清楚或不能清晰表述自己的问题或需求。因此，在没有完整、清楚地把握客户的需求之前，即使将全球最好的产品和服务推荐给客户也无济于事。

在了解客户需求方面，通用电气有自己与众不同的方法。通用电气的销售人员第一次拜访客户时，通常对产品只字不提，而是不停地提出问题：有关企业的设备支出情况、现在遇到的问题、希望得到什么，等等。

现在，谁能帮助客户真正解决问题，向客户提供服务获利的行动，谁才能赢得客户。

三、客户的需求在不断变化

产品功能与客户需求似乎总是不一致，原因在于很多企业只是通过市场调研来了解客户的需求，但却忽略了客户的需求在不断变化。客户的需求主要存在五种变化：

1. 政策型变化

国家政策和行业政策的变化对客户需求存在重大影响。例如，2008 下半年，受全球经济危机影响，中国车市冷淡。2009 年初，国家调整了车辆购置税等税收政策，同时在财政上给予补助，直接刺激了家庭的购车需求，使国内车市迅速升温，销售量同比上涨 50% 以上。

2. 成长型变化

人会成长，从童年到少年，从少年到中年，从中年到老年，需求都是不一样的，“70 后”、“80 后”、“90 后”各具独特的消费特征。

企业也会成长，从小到大，从大到强，不断的企业升级，对材料、产品、设备的需求也在不断提升。

3. 关联型变化

不同的产品之间存在关联。关联关系分为两种：互补型关系和替代型关系。房产和家装建材是互补型产品，房产的销售量大增，意味着家装建材市场的红火；天然气则是煤气的替代品，天然气用量的增加，意味着煤气用量的减少。

4. 转移型变化

一个产品有很多属性。在某一阶段，会有一至两种属性占主导地位。客户需要的是足够好的产品，而不一定是最好的产品。当某一属性达到客户需求时，产品的另一种属性会变得重要，成为新的主导属性。（这一点的详细讨论见第一章）

5. 流行型变化

对于具有流行特征的商品，一旦风潮过去之后，需求迅速变冷。需求旺盛时，企业产能不足，需求衰弱时，企业只得停产。

四、掌握客户需求，稳妥卡位，创造新的游戏规则

激烈的市场竞争带来的是企业利润的降低，企业要走出微利的市场，只能选择创新。但创新是有风险的，如果投入了巨大的资本，却没有获得相应的收益，企业将面临更大的困境。

实质上，每家企业都有隐性资产，客户关系是隐性资产中的第一位。通过客户关系，针对性地挖掘出客户的需求，再匹配企业的

其他隐性资产，准确找到市场的缝隙，稳妥卡位，开创出新的细节市场。

华为集团始终以能够为客户创造长期价值为目标。他们认为："基于客户需求的创新才会创造价值，形成竞争力。"华为的产品和服务，已经深深地切入了运营商的所有神经末梢，包括基站系统、流程运营、信息化管理在内的所有运营商的系统建设、维护和管理，所有备件和关联产品，各种各样的软件与芯片，华为都有涉足。这种供应链的深度延伸，使华为对运营商系统内的所有问题和环节都了如指掌。

运营商的任何一种延伸和扩展，实际上都给华为创造了新的市场。同时，华为能为运营商点拨增值的新途径，主动为它们创造新的价值。华为用为客户创造价值卡位，形成了强大的竞争壁垒。华为的无微不至，培养了客户的习惯，使得客户一旦进入华为，就别想再离开。

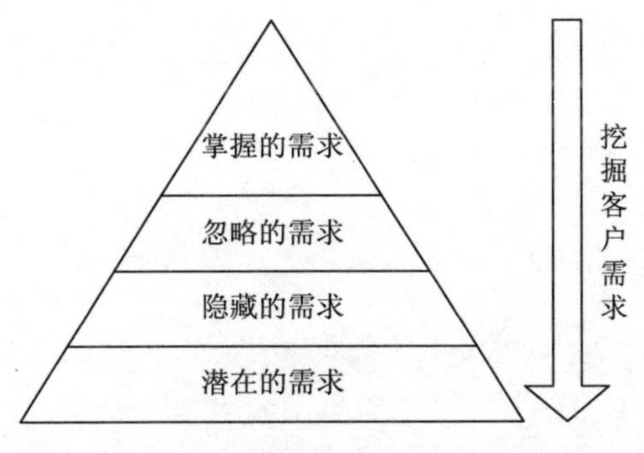

图3－2 挖掘客户过程示意图

客户的需求可被看作金字塔。金字塔最上层是掌握的需求，第二层是忽略的需求,第三层是隐藏的需求,第四层是潜在的需求。需求挖掘的过程就是从掌握的需求入手,挖掘忽略的需求、隐藏的需求和潜在的需求。

卡位，定位的再升华

【案例】 日本大金向开利微笑的资本

日本大金工业株式会社自1924年创立以来，不断壮大发展，成为一家活跃在空调、制冷、氟化学、电子、油压机械等多个领域的跨国企业，特别在空调冷冻方面，产品种类达5000种之多，在日本的市场占有率始终保持第一，是世界上唯一集空调、冷媒以及压缩机的研发、生产和销售于一体的跨国企业。其销售额约70亿美金，居全球第2位。

为了树立自己的品牌，日本大金走了不同于美国特灵、开利等厂商的路子，选择以技术领先为切入点，率先发明了VRV（冷剂式空调系统）中央空调。

1969年，大金最早发明了家用VRV中央空调，1982年，又成功开发出商用VRV中央空调。经过近40年的不断发展与创新，商用VRV系统在全球已累计销售600000套，获得专利856项。

目前，在中央空调领域里：

开利(Carrier)是全球空调专家，为客户提供最全面的中央空调产品。

特灵是高端商业空调品牌，它们专注于高端大型商用主机的研发与制造。

长沙远大是全球最大的非电中央空调制造商。

日本大金则是以VRV中央空调见长的品牌。

大金就代表VRV，VRV就是大金，尽管后来有许多厂家也开始生产VRV，但无一能超越大金。

依靠VRV技术为品牌建立的区隔，大金成为仅次于美国开利的全球第二大空调企业。

一、什么是卡位

卡位这个词语来自篮球或者足球比赛。在比赛中，球在空中的时候，球员精确判断球的有效落点，抢先对手占据有利位置，将对手阻挡在最佳位置以外，从而获得控制权，这就是卡位。卡位的关键在于精确地判断有效落点，并抢先对手占据有利位置。

打篮球的时候有一个基本的动作。在运动员运球投球的过程中，球员会阻止对方跨入三分线以内，因为三分线内的投篮命中率高。对于阻止对方，对手往哪里动，他的位置就会往哪里移，一旦把这个位置卡好，对手便无法从这个位置绕过去，也不能犯规冲撞。

这个动作中有两个层次的含义：

第一，找到弱点。所谓弱点，用在市场营销里就是细分市场。

第二，制定规则。在市场营销中，就是创造行业规则。即使对手"触犯规则"，也只是市场的跟随者，而不是市场游戏规则的制定者。

所以如果用两句话简单解释卡位：一、细分市场；二、制定游戏规则。这就是卡位的定义。

卡位的规则：

1. 创造细分市场的第一选择；
2. 使对手在短时间内无法模仿；
3. 卡位就是形成竞争优势，制定游戏规则，建立行业标准；
4. 卡位不是什么市场都做，是只做一部分市场；
5. 做小鱼塘里的大鱼，而不做大鱼塘里的小鱼。

这就是卡位。

卡位的目标是占领细分市场，在一定时期内最大限度地阻止其他企业进入，同时有效地经营该细分市场，成为该细分市场的代表者和领军者。其实，许多企业已经在无形中应用了卡位策略，只不过作为企业的一种商业模式，没有得到高度总结和深入研究。

二、卡位的重点

卡位的重点，并不仅仅是发现企业的竞争优势，是发现企业的卖点，发现企业的薪资模式。最主要的目的是细分市场，找到清晰的定位，形成技术壁垒，屏蔽竞争对手，这才是卡位的精神所在。所以，卡位的两大重点是：找到企业的细分市场，并塑造技术壁垒。

这里的技术壁垒不是指技术方面的，而是指通过某种手段达到竞争优势，形成坚实的壁垒来阻隔对手。

三、卡位，定位的再升华

卡位跟定位的相同点，都是细分市场。但不同点是，卡位更加主动积极，定位可能只是发现的过程，只是找到自己的位置，卡位则要研究分析规则，甚至制定规则。卡位，是超越定位之上的战略营销，是定位的再升华。

卡位与定位主要区别在于：

定位是把企业品牌确定在某个范围内，即在细分市场之中，找到合适的位置；卡位则不同，它是把企业品牌确定在某个位置上，也就是在细分的基础上，选择或者创造市场。

定位与卡位是相辅相承的关系。在某个范围内的某个位置上，通过卡位主动地找到细分市场，再通过定位被动地在此细分市场中找到位置。

表 3-1　卡位与定位的区别

卡位	定位
先细分市场，然后制定市场游戏规则，让竞争对手无法复制与超越	细分市场之中，找到合适的位置
把企业品牌确定在某个位置上	把企业品牌确定在某个范围内

四、卡位的三大关键

1. 找到细分市场

企业必须根据自身优势寻找到一个细分市场，这个细分市场是不成熟的，或者别人没有进入的。只有这样，企业在进入的时候，才能有效地利用和整合自身优势资源，并最大限度地在其他企业进入此细分市场前设立商业门槛，从而达到阻止和干扰对手瓜分细分市场利益的目的。

企业进入一个已经成熟的细分市场，不叫卡位。这是，企业需要投入大量的资本应付激烈的竞争状态，企业资源得不到有效应用，回报同样得不到保证。

细分市场是从客户的角度，通过客户的需求、动机、购买行为的多元性和差异性来划分的，而不是根据产品品种、产品系列来进行划分的。

比如一家提供外科手术设备的公司，他们的买主通常是小型诊所或大型医院。那些小型诊所因为缺乏相应的消毒设备，因此每次手术后只能将购买的手术设备抛弃。如果这家公司针对小型诊所推出一次性手术设备，可以大大减少诊所的开销，也为自己打开了一片新的市场。外科医生在手术前后都会清点手术器材数量，如果业务员能收集此类信息，然后针对不同类型的手术，推出预先封装好不同数量的手术器材套装，那就又开辟了一个细分市场。

2. 挖掘资源优势

要做到有效地卡位，企业必须有自己的资源优势，企业资源优势有许多分类。

1）技术优势

进入一个市场最重要的，是最大限度地满足这个细分市场中

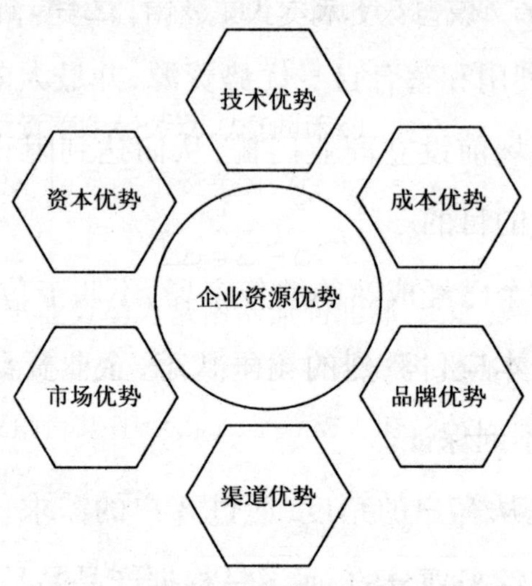

图3-3 挖掘企业的资源优势

顾客的需求，拥有技术优势可以把自己的产品和服务与其他企业严格区分开来，有效地阻止其他企业进入该细分市场。像诺基亚、华为这样的企业在行业内就具有强大的技术优势。

2）资金优势

导入市场的前期，企业需要投入大量的人力和物力去研究这个市场消费者的消费特点和习惯，及这个市场中差异化的产品，这个过程要求企业必须投入一定量的资金作支撑。拥有资金优势可以加快这一导入过程，同时也可以更有效地整合资源。

3）市场优势

市场优势可以使企业，更充分地了解和挖掘客户的需求，更接近最终客户，被客户接受。康师傅饮料便是利用其方便面的市场优势迅速上市。

4)渠道优势

导入市场的过程中,采取什么样的渠道进入,如何建立渠道,在渠道中如何推广自己的产品,尤其重要,这关系着企业的流动资本,同时为企业的下一步发展提供有力的支持。

5)品牌优势

土豆可以不需要品牌,但电脑需要树立品牌。越是用户不了解的产品,品牌优势越重要。

品牌优势在市场导入期,有助于用户接受,在市场成熟期,也可以增加用户的黏度。

6)成本优势

在许多领域,尤其是同质化高的产品领域,成本优势尤为重要。成本优势,既可以在市场导入前期获得高额利润,又拥有足够的利润空间防御竞争对手。

3. 合适的切入点

一招不慎,满盘皆输,选择何种卡位方式尤为重要。企业必须选择有优势的方面作为切入点,可以技术卡位,可以形象卡位,可以品牌卡位,也可以功能卡位。合适的切入点是避开红海、开创蓝海的关键。

要运用卡位,选择切入点的关键是:利用优势,在合适的时间,针对合适的细分市场,进行合适的投入,在核心产品上进行单品突破。切入点贵精不贵多,利用拳头产品产生的冲击效应,迅速切开市场,形成消费者的良好口碑之后,可迅速带动后续的产品跟进销售。

这里的优势，指的是相对优势和局部优势，而不是企业的内在优势。是企业相对于其他企业的优势，而不是企业擅长的领域这种内在优势。如果一个领域，我们很强，但竞争对手更强，这个领域就不是一个好的切入点。因为我们和竞争对手比，并不具备相对优势。如果一个领域，我们很弱，但竞争对手更弱，这个领域就是一个好的切入点，因为我们和竞争对手比，具备相对优势。如果不具备相对优势，那么应该千方百计在整体没有优势的地方创造局部优势。这一点在军事上非常重要，在企业运营中也可以借鉴。

卡位战略的核心思想

【案例】 B公司用卡位策略创造细分行业品牌

湖北某市B公司原是一家制造汽车底盘的集团公司。该公司生产的汽车底盘被郑州宇通、苏州金龙等大型客车制造公司广泛使用。该公司2003年进行战略性调整,开始生产Y型大型客车。推向市场后发现B公司虽然在客车行业内名声很响,但在生产上依然是个新品牌。而且市场上以"三龙一通"为代表的精品企业已经占据了市场制高点。虽然B公司的Y客车有价格优势,但也难以在市场上占住脚跟。

2003年临近春节,贵州省境内发生了大型客车翻入深山谷底造成78人死伤的特大交通事故,引起全国新闻媒体的热点报道。事故原因查明是超载和客车底盘过轻存在的隐患。B公司乘机抓住这个机会,加以宣导:客车底盘不合格是众多企业的客车普遍存在的重大隐患。同时在媒体上刊载了使用B公司生产的汽车底盘的客车所发生的侧翻比例与使用其他公司的汽车底盘的客车发生侧翻事故的比例对照表。此后,B公司在全国名声大振。

B公司又对大型客车进行定期维护,并在全国各地建立起大型客户安全检测点。凡使用B公司底盘的大型客车定期予以安全检测和定点维持,消除安全隐患。这使得B公司成为了安全和服务专家。B公司安全服务专家的形象使得该公司迅速成为了国内十大客车制造企业之一。

故善者之战,无奇胜,无智名,无勇功。

——孙子

在军事上,真正的名将只追求结果,或者说他们只进行必胜的战争,他们从不以少胜多,他们从不绝地反击,因为真正的名将从来不会陷入绝地,他们不会让这种情况发生。

卡位也是这样,集中自己的力量,做最核心的事业。卡位追求的是结果。

三国演义中,诸葛亮运筹帷幄,神机妙算,备受后人推崇。但从实际结果看,他的胜利几乎都是以少胜多,以弱胜强,而非创造优势,积累优势,积少胜为大胜,最终取得决定性的胜利。

诸葛亮的屡次胜利是战术上的胜利,战略上的失败,最后蜀国难逃失败的命运。这是卡位需要避免的。

卡位的核心战略思想可以概括为十六个字:明确定位、挖掘优势、做到最好、建立团队。

明确定位——寻找并确立市场目标;

挖掘优势——寻找切入点和突破口;

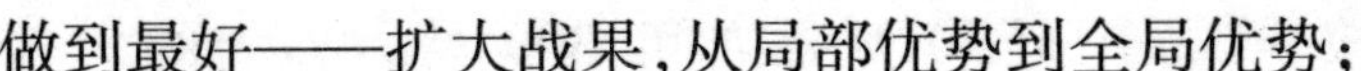

做到最好——扩大战果，从局部优势到全局优势；

建立团队——建立有效的运营和流转机制，巩固优势，建立企业的核心竞争力。

一、明确定位

明确定位就是为企业在市场上树立一个清晰的、有别于其他竞争对手的、符合目标市场客户需要的形象，从而在目标客户心中占据有利位置。明确定位的最终目的是在目标客户心中建立品牌区隔。拥有定位的企业才是强势企业，因为它拥有与众不同的概念，当顾客产生相关需求时，就会自然而然地把它作为首选。

二、挖掘优势

1. 差异化战略

差异化战略是将企业提供的产品或服务差异化，形成全产业范围中独特性的东西。实现差异化战略有许多方式：创造在品牌形象、技术特点、外观特点、客户服务、经销网络等方面的独特性。企业通过差异化战略，使替代品无法在性能上与之竞争，客户缺乏其他产品选择，降低了客户对价格的敏感度。另一方面，通过产品的差异化使客户具有较高的转换成本，使其依赖于企业，建立了客户的忠诚度。

2002 年华菱重卡成立之初，经过详细的市场调查，看准了物流卡车向重型化、高端化发展的趋势，当时国内大马力高端重卡市场高性价比产品相对较缺乏。于是，华菱重卡以差异化的产品定位，集中精力主攻30万元至70万元之间、300马力以上的大马力重卡。2004年10月华菱重卡正式上市，以差异化产品优势实现了替代进口、出口和自用三步并举的战略。这样，华菱凭借具有前瞻性的高品质产品，形成了良好的开局。

2. 创造优势战略

企业可以通过战略联盟、产品创新、市场创新来创造企业的竞争优势。

三国时期，曹操利用袁绍的失误，抢先奉迎汉献帝于许昌，创造了“挟天子以令诸侯”的政治优势。正因为曹操正确运用了“挟天子以令诸侯”的策略，巩固了自己的政治地位，发展、壮大了自己的实力，为他日后的政治野心创造了良好的政治和外交条件。

企业也一样，在没有突出竞争优势的情况下，应该积极寻找市场缝隙，因为营销中任何一个环节的创新都可以创造竞争优势。

三、做到最好

企业想要做到最好，可以从聚焦原则和包装策划这两方面入手。

1. 聚焦原则

放大镜可以将光线聚为一点，能量高度集中，因此温度升高，点燃火柴。只有聚焦、再聚焦，才有可能在市场竞争中取胜。聚焦是企业做强的必经之路。

美特斯邦威是来自温州的民营服装企业，1994年，品牌创立之初，由于资金有限，总裁周成建率先在国内服装行业采取“虚拟经营”模式。该公司专注于从品牌形象、产品设计与质量、市场拓展、销售服务和信息化管理等全过程提升管理品质，对于前端的加工制造，则充分利用浙江、上海和江苏发达的服装制造行业网络，外包给几十个服装制造企业。

这种将经营环节外包的模式为公司节省了大量资金，同时也降低了投资产业链前端给公司经营带来的风险，这样，公司可以将有限的资源集中投入在对连锁品牌服装行业有重要影响的营销和产品设计上。

企业找准切入点之后，把主要资源聚焦在具有战略意义的业务模块上，能够更灵活地适应成本结构和业务流程，对客户的需求和市场变化快速响应，提高工作效率，加强企业的差异化，创造多重竞争优势。

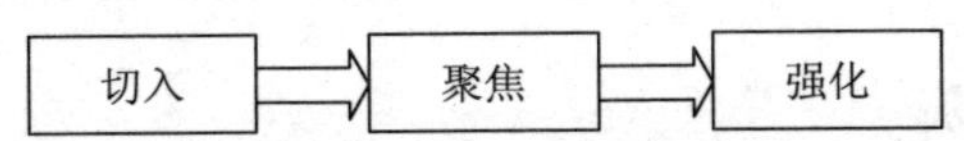

图3-4 聚焦是做强的必经之路

2. 包装策划

包装策划就是某企业在产品包装或某项包装开发与改进之前，根据企业的产品特色与生产条件，结合市场消费需求，对产品的市场目标、包装方式与档次进行整体方向性规划定位的决策活动。随着自助服务销售方式的增加，产品的包装需要执行更多销售任务，包装已经成为一项重要的营销工具。它必须吸引顾客注意，描述产品的功能特色，使产品在顾客心目中留下良好印象。

表3-2 产品包装与策划目标分类

目标分类	主要内容
产品性能表现	包装、广告、说明书、体现节能、保健等
产品规格多样	方、圆、长、短、立、卧等
产品功能多少	全与特
产品结构与式样	合理与新潮
产品容量	数量、重量、大小等
产品附加特征	与原来或同类产品相比增加的特性
产品销售对象	地区、季节、民族、男女、老幼等
产品及包装色彩	吸引力及打动人购买欲、代表形象
包装及产品表面文字及图案	箭头、示意图、符号说明
包装方便性、合理独特	操作简单、柔软、透明、透气等
包装结构及性能	主体、保护、造型
包装及附带附件	取物器、配套促销、工艺品、奖券等
广告、网络推广等各种宣传	创意、知名度、品牌
巧妙的售后服务	稳定和开拓市场

四、建立团队

建立起专业团队，建立有效的运营和流转机制，巩固优势，才能建立起企业的核心竞争力。对于外围业务，则外包给相应领域的优秀企业。

企业在内部资源有限的情况下，为取得更大的竞争优势，仅保留其最具竞争优势的业务，而将其他业务委托给比自己更具成本优势和专业知识的企业。这样可以整合利用外部最优秀的专业化资源，达到降低成本、提高效率、充分发挥自身核心竞争力和增强企业对环境的迅速应变能力的一种管理模式。

宝洁公司在大多数业务领域同时依赖内外部专家。公司主席雷富礼这样解释公司原则:“我们的核心能力是开发和商品化,品牌推广和客户业务拓展都是核心能力。但在许多领域,我们断定生产、后端支持不是核心能力。因此,我让企业将大量功能外包出去。只有做你最擅长的,才能做得最好。”宝洁公司内部始终密切关注产品研发和品牌推广,但并非所有的产品构思都必须由内部提供。

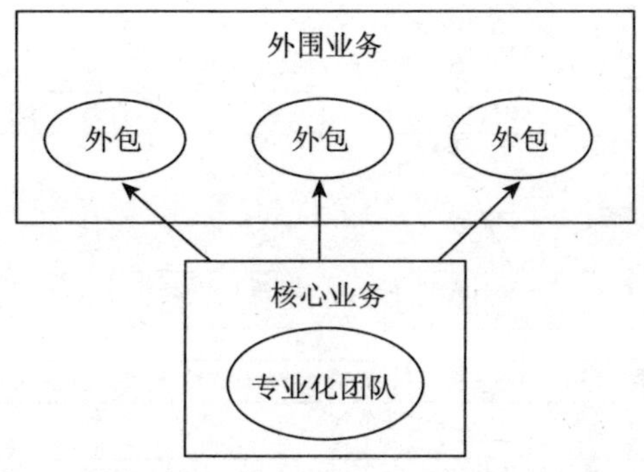

图 3-5 专业化团队 + 外包的经营模式

五、卡位与企业核心竞争力

核心竞争力是公司为客户带来特殊利益的一种独有技能或技术。

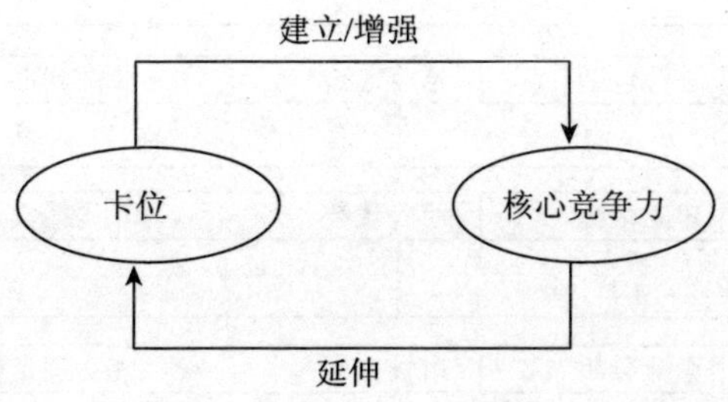

图 3-6 卡位和核心竞争力的关系

核心竞争力首先要具备充分的用户价值；其次，核心竞争力还必须是企业所特有的，是竞争对手难以模仿的；最后，核心竞争力还应具有延展性，应该能为企业打开多种产品市场提供支持。

企业核心竞争力是卡位战略的结果。卡位的目标是建立与增强企业的核心竞争力，而卡位又是企业核心竞争力的延展。

表3－3　企业战略卡位流程实现表

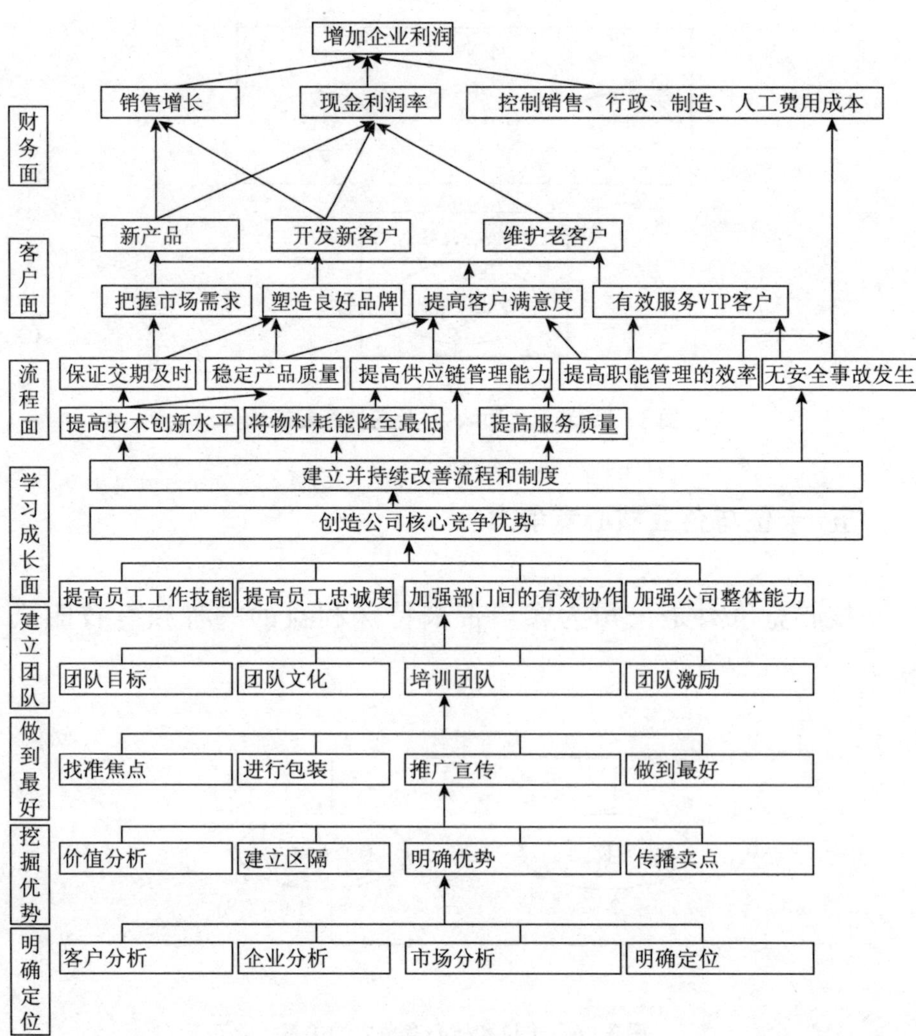

第四章 卡位战略第一步骤:明确定位(NO.1)

拥有定位的企业才是强势企业,因为它拥有与众不同的概念,当顾客产生相关需求时,就会自然而然地把它作为首选。

“沃尔沃”意味着安全;

“宝马”意味着驾驶乐趣;

“劳斯莱斯”意味着贵族;

“奔驰”意味着豪华;

“法拉利”意味着速度。

这些公司都有明确的定位。

明确定位,就是为企业在市场上树立一个清晰的、有别于其他竞争对手的、符合目标市场客户需要的形象和特性,从而在目标客户心中占据一个有利位置。明确定位的最终目的是在目标客户心中建立品牌区隔。这些品牌所代表的定位至今无人取代，因为他们建立并不断强化品牌区隔。

图 4－1　企业品牌图标

分析产业链是明确定位的首要关键

【案例】南瑞继保的骄傲

南瑞继保在继保行业独占鳌头，特别是在国内超高压继电保护市场占有率达到了40%以上。继电保护行业的整个系统叫电力系统,电力系统中有四大保护。再往下分到行业有四大保护装置,四大保护装置再下分就分到了继电保护行业。南瑞继保属于行业四大保护装置子行业继电保护行业,产品类型做高端,它的区域市场是以电力市场为主。这家公司目前为止已经是全球五大继电保护生产厂商之一。它们现在的行业市场、区域市场,在电力系统行业内部的影响力很大。在硬件方面跟国外知名企业实力相当,在软件方面甚至已经超过ABB、西门子公司,值得我们中国人骄傲。

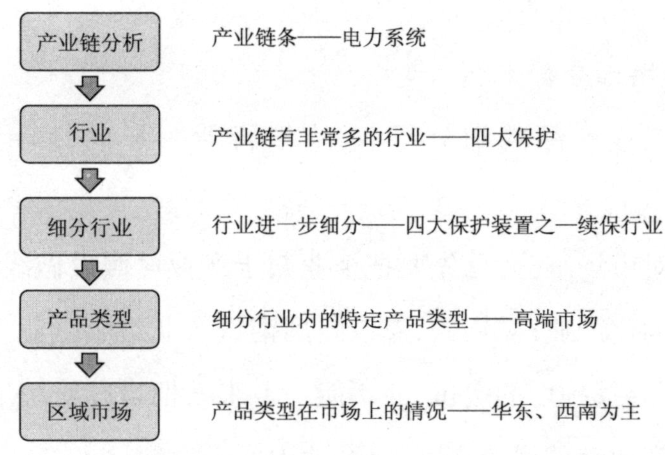

图4-2 南瑞继保定位流程图

一、企业定位分析市场的首要流程

第一步:分析产业链

产业链并不是一个封闭的循环,而是一个开放的系统,在产业链的循环,可以是大循环,也可以是小循环,每个循环都会对整体有刺激进步的作用。通过分析产业链的模式,企业自身的立意得到提升,现有资源和未来资源的使用掌控能力提升,资源在相互作用和激发中把能量集中,攻克目标。分析产业链会把一个企业变得更整体,把企业资产在产业链不同环节的布置调整得更有效率。

产业链分析在工业产品行业尤为重要。工业产品的思考格局跟民用品不一样,大部分民用品思考市场细分的原则,是以人群不同的年龄段作为划分依据的。例如针对小孩子的娃哈哈,针对年轻人的王老吉,针对中老年的脑白金。这种细分市场的划分原则不同于工业品。工业产品的客户对象是企业,所以企业的思考格局不应该以年龄段划分,而应该以细分行业为原则。

第二步:细分行业

针对工业产品的细分行业,应以行业为导向,确定市场的格局。

要想对市场细分,首先要把企业归于产业。假设做线缆,应归到电气自动化产业;做钢铁,应该归到钢铁产业冶金行业。有了产业,就需要寻找确切的定位,而不能一上来就把自己笼统地定在产业链上。产业链的概念之大,是企业力所不逮的。

中集集装箱做了产业链,但大部分的企业是做不了产业链的。因为什么都干,战线就会拉得很长,这种巨无霸的企业也只有国字号的企业背景才有。很多企业家心想,既然做不了产业,那就做行业吧,于是把产业链切割成几个行业:A 行业、B 行业、C 行业、D 行业,把自己局限在某个行业里面,就像漏斗的口一样越来越小。

以万马电缆为例,万马电缆的产业链是电气与工业自动化。这是大的产业,那么分到行业里面,线缆就是一个分行业,但是还不能到此为止,因为线缆还有多种类别,有电力电缆;民用电缆;光

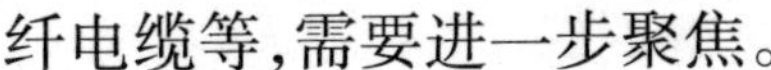

纤电缆等,需要进一步聚焦。

第三步:分析子行业

行业如果不够,就需要分析子行业,这个时候漏斗口又往下漏了一点。同样以线缆为例,线缆有电力电缆;民用电缆;光纤电缆等很多种类,万马公司以电力电缆为主,这个时候就开始细聚到里面。

第四步:分析产品

聚焦完行业,再往下分就要聚焦到产品。同样以万马电缆为例,我的电力电缆究竟是卖高档的;中档的;低档的,还是中低档的?因为不同的产品卖给的客户群是不一样的,高档的电缆可能卖给的是高端的客户群,低档的电缆卖给的是低端的客户群,应该有一个产品区隔。所以必须要进行有效的产品类型的细分,把产品聚焦下来。

第五步:分析区域市场

产品聚焦后,就要进行市场的聚焦,全国市场不见得那么好做,那我就先集中优势资源,先集中在某一个区域做大做强。

举一个例子,我做不到全世界最好,我做成亚洲地区最好;做不到亚洲最好,我做到中国最好;做不到中国最好,我做到华东地区最好;做不到华东地区最好,我先做江浙一带市场。如此聚焦,在市场的相对优势就越来越明显了。同样以万马电缆为例,万马电缆在华东地区比较有影响力,在浙江地区市场的覆盖率最广。因为万马公司曾经赞助过万马的篮球队,在浙江省内的影响力很大。现在万马公司开始逐渐向全国市场铺开,慢慢扩张。企业要懂得集中资源，聚焦市场，这样才能发展得更好。

因此，要想做到市场细分，要想做好有效的卡位，需要按次序聚焦：一，产业；二，行业；三，子行业；四，产品类型；五，区域市场。这样逐步缩小范围，就把市场进行了细分，形成了有效的聚焦。

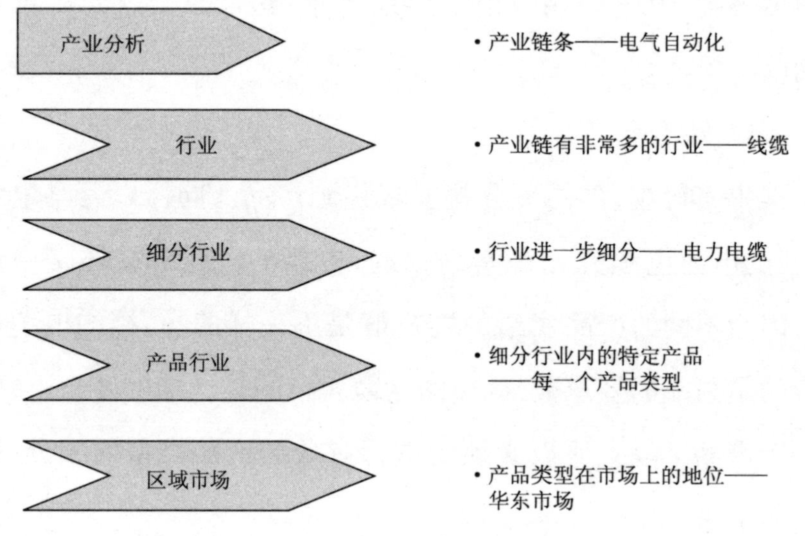

图4－3　企业分析市场流程示意图

二、产业链的重要性

从以上案例及分析流程中，我们可以发现，分析产业链在卡位的过程中占有重要作用。

那么，什么叫产业链呢？以钢铁行业为例，钢材要做好第一要有人去找钢材，勘探什么地方有钢材原料，有铁矿石。第二，发现了原料，要有人把它运出来，也就是开采。第三，开采出来以后，需要进行有效的分离，哪些是优质的铁矿石，哪些是可能需要再次优化的铁矿石，要进行有效的筛选。第四，把铁矿石原料卖到上海宝钢,放到熔炉里面,生产出优质的钢材。第五,宝钢生出来的钢材再应用到实际工程建设中,可以放在汽车上、桥梁建设上、造场馆上,这样就形成了产业链。

产业链是一个包含价值链、企业链、供需链和空间链的四维概念,本质是用于描述一个具有某种内在联系的企业群结构,它是一个相对宏观的概念,存在两维属性:结构属性和价值属性,其主要的特点就是存在着上下游关系和相互价值的交换,依靠上、下游的配合来使整个行业产业链完整。

在分析产业链时,我们需要把握的三大关键:

1. 确定产业链上下游是谁;

2. 明确产业链各环节之间的竞合关系;

3. 明确产业链的主导者。

细分市场是明确定位的核心

【案例】P 企业是如何卡位细分市场的？

P 企业是一家做通讯行业 PCB(印刷电路板)的小型企业。在企业刚进入通讯行业市场时,竞争已经到了很残酷的阶段:不但常规产品的价格非常透明,大客户也基本被那些大企业所瓜分完毕。生存的压力迫使 P 企业不得不另辟蹊径。

经过仔细的市场调研之后,它们发现一般印刷电路板的生产企业都是为通讯设备企业大批量生产电路板,但是通讯企业产品研发阶段需要小批量印刷电路板的配套服务这个细分市场却基本没人去做。因为这种配套服务的特点是小批量、多品种,交货期短、质量要求高。在这个细分市场,大的厂家不屑一顾,而小的厂家又没有能力做。

于是 P 企业决定定位在这个细分市场上,专门为通讯企业产品研发阶段所需要的小批量 PCB 做配套服务。经过多年的努力,P

企业已经成为这个细分市场上的领导者,产品税后利润高达40%,远远超过了行业的平均水平。P企业通过细分市场,开创了一片属于自己的蓝海。

一、市场细分的作用

细分市场对企业的生产、营销起着极其重要的作用。

1. 对公司制定市场战略有很大的帮助。

公司进行目标市场研究并细分后,比较容易了解客户的需求,企业可以根据自己经营思想、方针、生产技术及营销力量等,确定自己的服务对象,即目标市场。针对着较小的目标市场,便于制定特殊的营销战略。同时,在细分的市场上,信息容易了解和反馈,一旦客户的需求发生变化,企业可迅速改变营销战略,制定相应的对策,以适应市场需求的变化,提高企业的应变能力和竞争力。

2. 对企业发现新的市场机会有很大的帮助。

企业通过市场的细分后,可以对每一个市场中的购买潜力、满足程度、竞争情况等因素进行分析对比,探索出有利于本企业的市场机会,使企业及时做出投产、移地销售决策或根据本企业的生产技术条件编制新产品开拓计划,进行必要的产品技术储备,掌握产品更新换代的主动权,开拓新市场。

3. 对企业投入的资源有很好的把控借鉴帮助。

任何一个企业的资源都是有限的。通过细分市场,选择适合自己的目标市场,企业可以集中人、财、物及资源,去争取局部市场上的优势,然后再占领自己的目标市场。

4. 对企业提高利润有很好的观察帮助。

企业通过市场细分后，可以面对自己的目标市场，生产出适销对路的产品，既能满足市场需要，又可增加企业的收入；产品适销对路可以加速商品流转，加大生产批量，降低企业的生产销售成本，提高生产工人的劳动熟练程度，提高产品质量，全面提高企业的经济利润。

很多企业家在制定战略的时候，通常简单地追求好的产品项目，结果导致产品品类很多，但每个产品都不专，力量分散。所以企业在制定战略时要细分市场，将其集中到某个特定市场，这样企业才能将经济效益提高上去。

【案例】 阳光电源如何细分市场成为潜伏在新能源行业中的冠军

2012 年 1 月 4 日，《福布斯》发布了 2012 年中国最具潜力的 100 家上市公司榜单。在太阳能光伏领域，常州亚玛顿、阳光电源、顺风光电、水晶光电这四家光伏企业成功入选福布斯“中国潜力企业榜”，而尚德、英利等多家市值很高的光伏巨头却意外落榜。在中国的光伏行业，一直有“南尚德，北英利”之说，两家光伏巨头在中国光伏业内有着不可动摇的领头地位。

在榜单上位列第 9 的阳光电源，相信很多人都很陌生。因为 2011 年 11 月份阳光电源才正式挂牌上市，而且多年来阳光电源一直都很低调，所以除了业内人，外行人几乎都不怎么认识它。但事实上，阳光电源却是新能源领域内一个不折不扣的隐形冠军，它已经连续三年成功入选福布斯的“中国潜力企业榜”，并且在国内光伏逆变器领域长期居于领头羊地位。

细分市场,并且专注,成就了行业领头地位。阳光电源自1997年成立以来,就确立了要往光伏逆变器和风能变流器这两项产品的市场发展。此后便一直专注于这两个产品市场的研发和生产,十几年来这两项主营业务从未改变,而这两项产品正好是太阳能光伏发电和风能发电系统中不可缺少的关键设备。

近年来随着光伏和风电行业的兴起,客户对光伏逆变器和风能变流器的需求日渐增多,阳光电源凭借其在光伏逆变器行业十余年的品牌和技术优势,一跃成为国内光伏逆变器领域的龙头老大,在2008年、2009年和2010年连续三年占据国内光伏逆变器市场第一名。下图即为2010年各光伏逆变器企业在中国市场的份额情况。

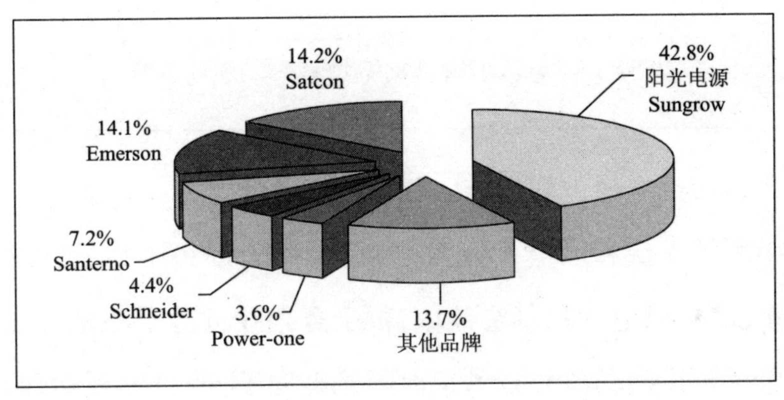

图4-4 2010年各光伏逆变器企业在中国市场的份额比

从图中可以看到,阳光电源在中国光伏逆变器领域内的市场份额达到了42.8%,远远高出其他企业,而其他市场份额排名靠前的均为国外品牌。而且,阳光电源还多次参与了多项国家标准的制定，是行业内标准的光伏逆变器和风能变流器专家。

表4－1 阳光电源参与制定的光伏逆变器和风能变流器国家标准

分类	国家标准	
光伏逆变器	《并网光伏发电专用逆变器技术要求和试验方法》	已报国家标准管理机构待批
风能变流器	《GB/T25387.1－2010 风力发电机组 全功率变流器 第1部分：技术条件》	均已通过国家标准化管理委员会批准并发布
	《GB/T25387.2－2010 风力发电机组 全功率变流器 第2部分 试验方法》	
	《GB/T25388.1－2010 风力发电机组 双馈变流器第1部分：技术条件》	
	《GB/T25388.2－2010 风力发电机组 双馈变流器第2部分：试验方法》，	

扩大细分市场，创新技术，提高核心竞争力

中国的光伏和风电企业虽然众多，但大都集中在技术含量较低的多晶硅、风电叶片制造领域，很少有企业肯静下心来研发光伏和风电关键设备的核心技术。但阳光电源不同，打一开始，阳光电源就决定要研发出自主创新的核心技术，为此，阳光电源狠抓技术，每年都投入不低于10%的销售收入来做研发。

如今，阳光电源在国内逆变器行业已拥有了多项核心的自主创新技术，成为国内在光伏和风力发电行业内为数极少的掌握多项核心技术并拥有完全自主知识产权的企业之一。正是凭借着技术上的核心竞争力，阳光电源才能在2008年至2010年间保持稳定的业绩增长，达到144.15%的复合增长率，并获得福布斯的青睐，连续三年荣登福布斯“中国潜力企业榜”。

表4-2 2008—2010年阳光电源业绩经营情况

年份	销售收入	净利润	综合毛利率	德国SMA公司光伏逆变器的毛利率
2008年	1.00亿元	821.11万元	47.48%	37.24%
2009年	1.80亿元	3521万元	49.64%	36.53%
2010年	5.98亿元	1.48亿元	49.81%	36.10%

由表可见,与全球第一大光伏逆变器厂商德国SMA公司相比,阳光电源的毛利率还是较高的,在行业内处于领先水平。正因为阳光电源掌握了光伏逆变器的核心技术,才能拥有如此高的毛利率,净利润的复合增长率才能达到324.60%。

结语

在新能源领域,我们往往只会关注到尚德、英利、华锐、金风等明星企业,却忽略了那些细分行业内的隐形冠军。他们的综合实力和市值也许没有那些明星企业大,却是某些细分行业内当之无愧的龙头老大,拥有极高的市场占有率和利润率。其实工业品企业不妨学习一下那些隐形冠军,有时候企业不一定要追求多大多强,而可以在某个细分领域做精做深,成为细分行业内的领头羊。

二、如何细分市场

1. 按照客户的需求情况细分

不同的用户对同一产品有不同的需求,如晶体管厂可根据晶体管的用户,将市场细分为军工市场、工业市场和商业市场,军工市场特别注重产品质量;工业用户要求有高质量的产品和服务;商业市场主要用于转卖,除了保证质量外,还要求价格合理和交货及时;飞机制造公司对所需轮胎的安全性要求比一般汽车生产厂商要高许多。因此,企业应针对不同客户的需求,提供不同的产品,设计不同的市场营销组合策略。

2. 按照客户的大小细分

大客户有大客户的标准,小客户有小客户的标准。客户的大小也是细分市场的重要标准。比如有些客户经营规模决定其购买能力的大小,那就按客户经营规模划分,可分为大客户、小客户。大客户户数虽少,但其生产规模、购买数量大,注重质量、交货时间等;小客户数量多,分散面广,购买数量有限,注重信贷条件等。许多时候,和一个大客户的交易量相当于与许多小客户的交易量之和,失去一个大客户,往往会给企业造成严重的后果。因此,企业应按照客户大小建立相应联系机制,确定恰当的接待制度。

三、市场细分的三大关键问题

为了有效地进行市场细分,应该注意:

第一,细分的标准和变数不是固定不变的,如收入水平、城市大小、交通条件、年龄等,都会随着时间的推移而变化。因此,应树立动态观念,适时进行调整。

第二,市场细分的因素有很多,各企业的实际情况各异,不同的企业在细分市场时采用的细分变数和标准不一定相同,究竟选择哪种变量,应视具体情况而确定,切忌生搬硬套和盲目模仿。

第三,要注意细分变数的综合运用。在实际营销活动中,一个理想的目标市场是有层次或交错地运用上述各种因素的组合来确定的。

制定战略目标是保障定位的落实

【案例】 法国施耐德在中国的二十年

电器行业巨头中有一家叫法国施耐德,他们在中国这二十几年做了以下十件事情:

第一件事情:天津梅兰日兰这个老牌子已经不生产了,要用施耐德。原来天津梅兰日兰有中国人的股份,现在已经逐步减持,甚至退出。

第二件事情:上海施耐德配电电器原来是跟上海电器合资的,现在份额越来越少。

第三件事情:上海施耐德低压终端电器原来是合资的,慢慢地份额也开始更多了。

第四件事情:施耐德广州母线是跟中国合资的,现在中国控股也慢慢减持了。

第五件事情:最典型的是德力西电器与施耐德。很遗憾现在德力西已经不属于中国,更不再是温州的,这家公司基本上就卖给了施耐德。

第六件事情:奇胜电器惠州原来是在国内做电器开关做得不错的企业,现在也被迫卖掉了,卖给了施耐德。

第七件事情:施耐德收购了万高电力。

第八件事情:施耐德收购了东方电子集团。

第九件事情:收购了宝光股份,成为宝光股份的最大股东。

第十件事情:上海人民电器合资公司现在又慢慢把国有股份减持了,转移的企业股份也都被施耐德一并收购。

这就是外资企业一路过来在中国做的事情。如果中国企业依然不去调整战略,最后的结果就是成为别人的加工厂。

究竟该怎么去做调整呢?先来思考一个小小的问题:如果一个客户愿意付你100块钱,由你帮助他解决问题,你通常是怎么给他提供价值100块钱的服务的呢?

一般在企业里面,得到了客户的需求,第一步,研发。研发的目的是满足客户的需求,研发所赚到的钱在100块钱里的比重一般是40%。第二步,设计。这是最重要的一步,针对不同的客户有不同的产品。第三,生产制造。第四,销售。

在产业链中,研发是第一个环节,研发的核心技术大部分在欧美,而不在中国。因为中国人的模仿能力非常强,所以国外企业把大部分核心技术都转让给新加坡、中国台湾、东南亚一带的企业,设计出产品以后,最后生产环节才会放到中国跟印度这两个难兄难弟的制造大国。后续的营销不会在中国,还会回到本土。

所以中国企业要想进行有效突围的话,应该如何做战略?研发40块,设计15块,制造10块,营销35块,面对这样的利润结构,中国企业该怎么制定战略呢?

如果停留在制造层面,利润薄;设计层面核心技术又不具备,研发成本投入比较大,这些环节中国企业都很难介入,所以只剩下营销这一点可以考量。所以中国企业要想有效地突围,比较理想的状况是:大企业可以主抓营销和研发为主,把这两个作为战略;小企业只要在营销战略方面,做到以跟随和模仿为主,同时寻找核心竞争力,这才是企业的长久之道。

营销战略该怎么制定呢?这是值得我们思考的。我们常讲的"微笑曲线",其实就是营销战略制定创新的一个有效的手段。有人说,上面讲的好像都是产业,跟具体的个体有什么关系呢?

当然有关系。由于金融危机爆发,一部分企业死掉了,特别是在广东,死掉了一大半企业。居安思危,不能仅仅想到今天,我们要想到三五年后的格局,未来才会更好。

阿里巴巴的老板马云讲过一句话,他说:各位前辈,各位同行,今天非常残酷,明天更加残酷,后天很美好,但是大部分人都死在了明天的晚上。

有些企业甚至没有死在明天晚上,而是死在今天晚上。人生只有三个部分,昨天,今天,明天。我们不能期望明天,但是我们可以抓住今天。

未来生产工业品的企业,经过大浪淘沙,会留下哪些呢?

我们认为会留下两类企业:

第一类是巨无霸的企业。这种企业的规模变得足够庞大，像国外电器行业的ABB、西门子一样，像中国市场上的中国国际海运集装箱一样，产业群变得非常大，这种企业是集团化的运营。

第二类企业可能不见得规模大，但是企业非常有特色。在某一个领域，大公司也不如它，在这个细分行业里面它是真正的领头羊。像南京有一家公司叫南瑞继保电气有限公司，这家公司在继电保护行业已经到了可以跟国外的巨头平起平坐的地位，甚至软件不输别人，只是在硬件方面因为材料的问题稍微有点逊色。他们在细分行业里做得非常好。

企业战略决定了企业的明天，有效制定战略目标，是保障企业发展的重要环节。

以2008年国家统计局的数据为例。2008年上半年全中国有6.7万家已具规模的中小型企业倒闭，劳动密集型产业的纺织行业倒闭的有一万多家。化工行业平均利润降低28.6%，有色金属行业高点跌幅达到80%。

仅仅上半年就有这么多企业倒闭——6.7万家，再加上下半年的数据，再经历经济转型，中国的很多企业都将走向灭亡。这样痛心的事实告诫我们：必须要开始思考战略问题，才能改变这种局面。

未来企业最大的竞争优势就是要比你的竞争对手学得快、学得多。所以21世纪最大的竞争力一个是学习，一个是速度。如果学习得好，企业就调整得好；如果你的企业不仅仅学习好，速度还够快，就能快速转型调整，这样企业的未来才会更加具有竞争力。

希望企业家们都能进行有效的战略目标,来正确面对我们目前所面临的经济转型。只有进行有效的战略目标制定,企业才能具备竞争活力,从而更好更远地走下去。

表4-3 企业定位流程表

流程	模块	详细介绍
第一步	分析影响市场定位因素	1. 竞争对手的市场定位状况。要了解竞争者产品市场定位,产品的特色是什么,在顾客心目中的形象如何,衡量竞争者在市场中的竞争优势。 2. 目标顾客对产品的评价标准。要了解购买者对所要购买的产品的最大愿望和偏好,以及他们对产品优劣的评价标准是什么。不同产品评价标准是不同的。一般来说消费者主要关心的是产品功能、质量、价格、款式、服务、节电、低噪音等。 3. 企业的潜在竞争优势。一般地说竞争优势有两种形式:一是在同样条件下比竞争者价格可以更低,从而在价格上具有竞争优势;二是可以提供更多的产品、具备更多的特色,可以更好地满足顾客需求,从而在产品特色上具有竞争优势。
第二步	确定市场产品定位的依据	1. 确定市场产品定位的依据,一般来说产品评价的因素有产品功能、质量、价格、款式、服务等。 2. 根据客户对市场产品评价最关注的因素,绘制定位图。
第三步	明确目标市场竞争状况	1. 在对竞争者调查、分析的基础上,把现有竞争者的定位情况在定位图上标示出来。 2. 在图中用三个圆圈表示三家竞争对手出来,比如: A企业生产的是中等价格、较少功能的产品,市场规模最大; B企业生产的是高价、多功能的产品,市场规模一般; C企业生产的是低价、少功能的产品,市场规模最小
第四步	明确企业产品的市场定位;	1. 企业对市场定位状况进行分析,判断企业的竞争优势所在,选择合适的定位战略,进行正确的市场定位。 2. 企业情况不同,可以有不同的定位方案,即使同一情况也可以有不同的定位方案。 3. 每一种方案都有利弊得失,需要准确地运用市场定位策略,图中H1、H2、H3表示运用不同定位策略制定的三种不同定位方案

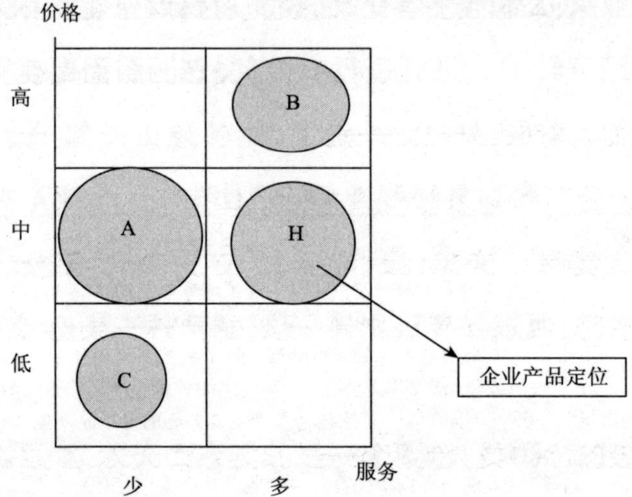
价格
高
中
低
B
A
H
C
企业产品定位
少
多
服务

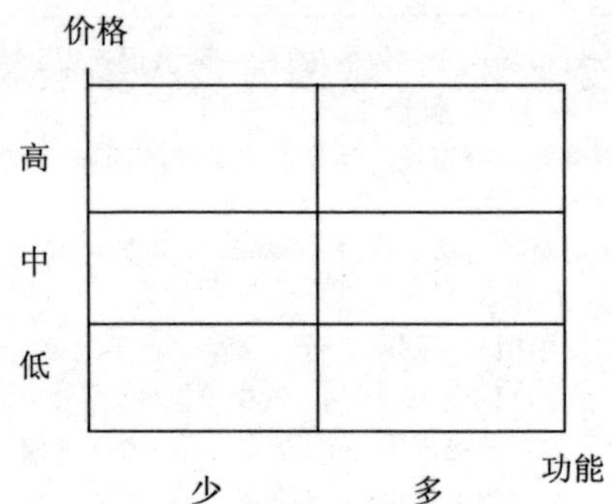
价格
高
中
低
少
多
功能

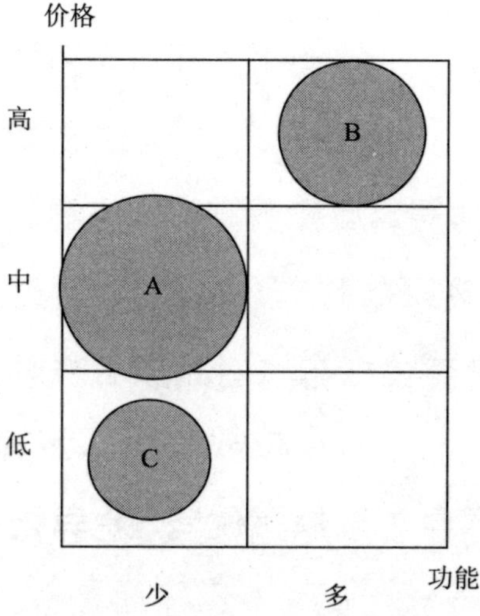
价格
高
中
低
B
A
C
少
多
功能

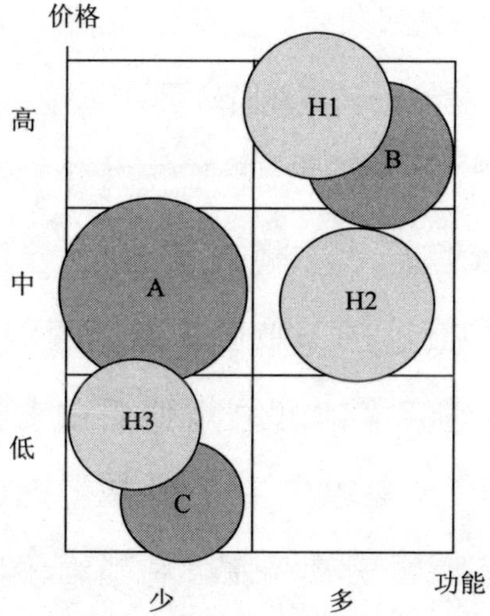
价格
高
中
低
H1
B
A
H2
H3
C
少
多
功能

THE FIFTH CHAPTER 第五章 卡位战略第二步骤：挖掘优势(差异化)

“短板理论”认为，一个木桶的最短的板子决定了木桶的容量。

在现实中，很多企业的失败确实是因为最短的板子那里出了问题。但是，并不是弥补短板就可以使企业成功。

一个秀才捡到了一副象牙筷子，他觉得这筷子太高档次了，不能搭配普通的陶瓷碗，于是他花钱买了个玉碗。有了玉碗和象牙筷子之后，又觉得家里的木桌不配，于是又借钱买来了大理石桌。几番折腾后，秀才已经穷困潦倒，只能白天拿玉碗沿街乞讨，晚上在大理石桌上睡觉。这就是江苏人所说的“拾到象牙筷，吃穷了人家”的故事。

很多企业就在做这样的事情——想办法去弥补弱点而不是挖

掘自己的优势。

你跑得再快,能够跑得过刘翔吗?

控制弱点是必要的,弥补短板可以使企业暂时地远离失败,但是企业能否成功取决于是否主动去挖掘自身的优势。

市场调研是挖掘优势的关键

【案例】 摩托罗拉失败在哪里?

20世纪80年代末,摩托罗拉为了夺得对世界移动通信市场的主动权,提出了新一代卫星移动通信星座系统。

铱星计划是一个非常宏伟而超前的计划,它希望通过卫星与卫星之间的传输来实现全球通信,把地面蜂窝移动系统搬到了天上。从技术上讲,铱星系统是相当了不起的,它采用星际链路。从管理上讲,它又是一个完整的独立网,呼叫、计费等管理独立于各个国家的通信网。

但是,从投资的角度讲,它却是个彻头彻尾的失败。

铱星计划的投资高达五六十亿美元,每年的维护费又是几亿美元。除了摩托罗拉等公司提供的投资和发行股票筹集的资金外,铱星公司还举借了三十亿美元的债务,每月仅利息就达几千万。为了支付高额的费用,铱星公司只能将手机的价钱定在五千美元一副,每分钟的通话费定在三美元。这样以来,铱星公司的用户群就大大减小了。随着手机的发展,铱星服务的客户更加快速地流失。

虽然摩托罗拉公司很聪明地利用其技术优势吸引了全世界的眼球,却过于乐观地预计了市场,致使成本过高、技术选择的失误,在运行中出现了过多不可逆转的问题,终究使得铱星计划半途而废。

没有调研,就没有发言权,更加不能真正了解客户的需求,摩托罗拉的失败印证了这一点。

一、市场调研的重要性

市场调研是获得企业重要市场信息的一种有效科学方式,因此市场调研的功能变得尤其重要。主要体现在:

首先,来自客户:市场的竞争越来越激烈,客户也变得更加精明。企业如果不能很好地了解市场需求,就无法进行营销创新,被市场淘汰的几率就会不断增大。

其次,来自产品:企业离开市场调研,就很难了解客户对产品的满意情况,尤其是在正在成熟的市场中。新产品更新换代的速度越来越快，市场调研的作用也越来越重要。

因此，随着企业竞争的加剧、消费者行为的多变，市场调研的重要性更加突出，人们对信息的需求不断膨胀，而仅仅通过市场调研活动有可能使企业随波逐流，提供与其他企业相同的产品和服务。这就要求企业能够通过创造性的市场调研，满足多元化的信息需求，从而使自身准确及时地把握信息并制定相应的营销策略。

二、市场调研的目的在于了解客户需求

企业的利润来源只有一个——客户。若客户没有需求，那么企业的竞争优势便是无效的。比如说，在沙漠里种菜，没有需求，即使擅长，也无用武之地。没有需求的优势就是南辕北辙，投入越大，失败越大。因此，我们需要先进行市场调研，在了解客户需求后才能进行企业的竞争优势挖掘。

三、了解客户需求的主要目的是挖掘自身优势，引导客户购买

客户有需求，竞争对手做不到或者做得不如自己的地方，就是有效的竞争优势。因此，与客户进行合作的过程当中，必须要思考一件事情，随时都要关注自己比竞争对手强的地方，这样客户才会源源不断地跟着我走。而不单纯只是靠一点点客户关系，所以竞争优势才是企业长久发展的关键所在。如果客户在乎价格，而你

的价格比其他供应商的价格都要低5%，那么结果是显而易见的。总而言之，竞争优势很重要。

【案例】价格不降，有可能吗

老陈是一个建筑公司的推销员，他在与客户沟通中发现了一个关键的决策标准，他希望这个决策标准可使销价不必再让步。

他注意到备选方案的评估阶段中顾客仔细地问他，安装这套设备能否不破坏建筑物。"我们对所有的销售商都要问这点"，这位顾客告诉老陈，"由于这是极好的古建筑物，当你们安装电缆线时我们不愿在里面打洞。"

在最后的选择阶段，这位顾客与老陈，还有老陈的竞争者进行谈判。

竞争者同样为能否等到这桩有吸引力的生意而担心，他做出了一个重大的价格让步，这一下使得老陈的方案要贵将近20%。

老陈知道，即使经理给他的10%降价权派上用场，他的价格也比竞争者的价格要贵。

他到了把王牌打出的时候。"你说安装设备不应该对该建筑有任何损坏，这是至关重要的"，他提醒这位顾客，"相信我们已经找到这样做的办法。整个安装工作将在一个古建筑方面专家的监督下进行。遗憾的是，由于这将是一个花费很多的工程，我不能给你提供任何追加的价格让步。""好极了"，这位顾客回答道，"假如你打算按你刚才所说的进行安装，那么，对我来说，这种做法的价值比几千美元的价格减降要大得多。"

老陈得到了这笔生意。把专家在安装工作中的所有成本都加

总起来,专家方面的成本只占降价数额的1.5%。

案例分析:老陈可以把单子拿下来并且可以多谋利18.5%,问题的关键只有一个,就是他实实在在地帮客户解决了一个难点,也就是把古建筑物保留下来,而他的竞争对手做不到,然后这点又恰恰是客户非常关注的,也就是解决了他的关键决策标准,满足了客户的需要。

如何与竞争对手进行差异化？

【案例】 华菱重卡差异化战略的成功

华菱重卡成立于2004年，仅用短短5年时间，华菱重卡就成为国内同行业中排名第13，市场占有率约3%的重卡企业，成长速度国内领先。2009年华菱重卡销售达到1.8万台（汽协数据），同比增长48.4%，显著高出行业整体17.4%的增速。盈利能力方面，2009年华菱重卡毛利率高达13.36%，高出销量第一的中国重汽毛利率近4个百分点，单车净利润1.74万/台，是国内盈利能力最强的重卡企业。现公司已拥有年产30000台重型汽车的生产能力，是国内重要的重型汽车生产研发基地。

2008年的金融危机，让制造业普遍陷入了低迷。但华菱重卡却在这个制造业寒风萧瑟的冬季取得了良好的产销表现，成为重卡市场的"黑马"，这与华菱重卡的差异化战略不无关系。

华菱重卡从2002年筹办之初，发现国内大马力高端重卡市场高性价比产品相对缺乏的契机后,就将自己的产品定位在物流卡车的重型化、高端化市场。于是,华菱重卡以差异化的产品定位,集中精力主攻30万元至70万元之间、300马力以上的大马力重卡。

2004年10月,华菱重卡正式上市,迅即凭借具有前瞻性的高品质产品,形成了良好的开局。在具体的市场开拓上,华菱重卡以差异化产品优势实现了替代进口、出口和自用三步并举的战略。

首先,在技术和性能方面,华菱重卡基本接近国际水平,但是价格却便宜得多。例如,在同级产品比较中,华菱重卡的价格只分别相当于欧洲车和日本车的1/3和1/2。因此,华菱重卡的推出,无疑可以成为替代现行进口重卡的新选择。

其次,华菱重卡在替代进口的同时,也凭借显著的性价比优势成为国产重卡出口新的生力军。2004年3月,华菱重卡跨出国门。批量出口摩洛哥;8月,500辆华菱重卡出口阿尔及利亚的项目,创下了同年我国重卡单笔出口量的最高纪录;12月,华菱重卡再次出口哈萨克斯坦。

另外,华菱重卡还拥有一块比较大的“自留地”,即自用市场。业界众知,华菱重卡的兄弟单位——安徽星马汽车股份有限公司,是国内最大的专用车生产基地之一,其生产的重型专用车也主要采用中高档重型专用汽车底盘,年需求量可观。据悉,2004年星马汽车的需求量约占华菱重卡总销量的60%。可见,得天独厚的自用市场,在帮助星马汽车摆脱重型底盘长期依赖进口现状的同时,也为华菱重卡奠定了稳健发展的基石。

成功的事实证明,华菱重卡的差异化战略,填补了现有重卡市场的空白,业绩也是年年攀升,光今年第一季度,华菱重卡的销量已达8570台,相当于2009年全年销量的48.6%。可见,华菱重卡已是国内外卡车市场名副其实的“千里马”。

差异性优势是产生区隔的必要条件。

差异性优势,指的是相对优势和局部优势,而不是企业的内在优势。是我们的企业相对于竞争对手的优势,而不一定是企业擅长的领域这种内在优势。

差异性优势分析不仅要考虑直接竞争对手,同时也要分析间接竞争对手,乃至潜在竞争对手。

靠最佳服务赢得顾客和占领市场,是IBM公司成功的秘诀。

IBM公司总裁小托马斯. 沃森对“服务”曾作了这样说明:多年以前,我们登了一则广告,用一目了然的粗笔字体写着:“IBM就是最佳服务的象征。”我始终认为,这是我们有史以来最好的广告。因为它清楚地表达出了IBM公司真正的经营理念——我们要提供世界上最好的服务。

在日益激烈的市场竞争中,产品的价格和技术差别正在逐步缩小,影响消费者购买的因素除产品的质量和公司的形象外,最关键的还是服务的品质。IBM公司正是看清了这一点,运用差异化的服务使企业和产品在消费者心中永远占有“一席之地”。

竞争对手分析——挖掘独特卖点

“独特卖点”(USP)是美国广告大师罗塞·里夫斯最早提出的创意理论。

独特卖点要满足三个条件:一是利益承诺,强调产品有哪些具体的特殊功效和能给消费者提供哪些实际利益;二是独特,这是竞争对手无法提出或没有提出的;三是强而有力的优势。竞争对手分析的目的是寻找独特卖点——找出产品独具的特点,然后以足够强大的声音说出来,不断地强调它,让它深入到消费者的意识中去。

举个例子,小公司的独特优势就是价格低,经济实惠,还有服务好,反之大公司的优势就是生产量大,规模效益比较好,质量好,品牌知名度高。它们有差异,各有竞争优势。但是竞争优势不会自然而然地呈现在我们面前,我们必须要运用智慧把各自的优势提炼出来。

有人问:公司规模大算不算优势?规模大是一种优势,但这只是硬件方面的优势,并不是真正的优势。因为硬件方面的优势很容易被人超越。一个公司真正的优势是软件优势,软件优势主要包括人才队伍素质、产品品质、服务质量等,软件优势在短时间内不容易被竞争对手超越。这是在优势提炼挖掘过程中,企业尤其应该注意的问题。

如果一家企业在客户关系、品牌、行业标准、产品性能、快速解决方案、供货能力、价格等方面超不过竞争对手,而在售后服务方面能超过竞争对手,那么优秀的售后服务就是企业的独特卖点。要不断地宣传、强化这一优势。

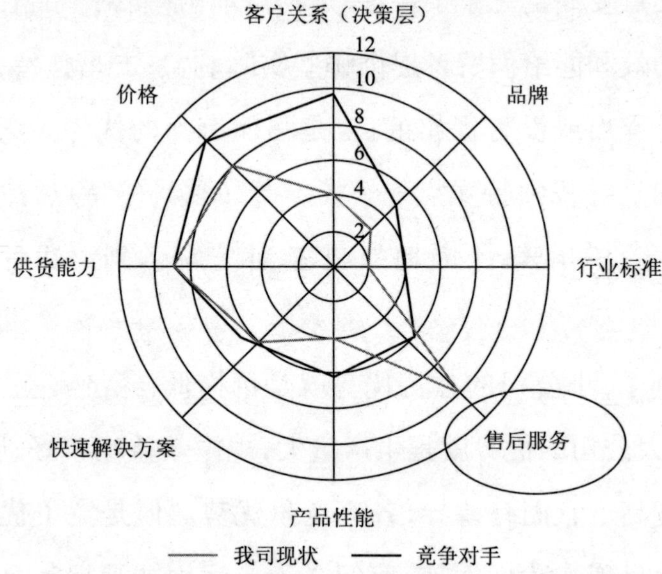

图 5-1 竞争对手分析

优势提炼的六大步骤

【案例】 宇通集团提炼优势,领跑客车行业

在我国工业品行业中,郑州宇通客车股份有限公司是中国客车企业之首。这家公司在 1963 年还是河南省交通厅客车郑州客车修配厂,经过多年发展,公司规模一步步扩大,在 2005 年,宇通集团的标志性建筑——宇通大厦正式落成启用,在当地被传为佳话。短短几十年来,宇通集团发展很快,尤其是 2003 年之后,发展速度非常惊人,到了 2006 年,这家公司成为了我国客车行业第一个超一百亿的大企业。

郑州宇通客车在 2003 年之后发展得如此迅速,最重要的原因在于它在 2004、2005 年的时候做的一个市场调研。那次调研的目的是为了弄清楚宇通与其竞争对手的差异,也就是宇通公司的竞争优势。他们请专业的市场调研公司深入到全国各地,了解客户买宇通的原因,宇通的老客户用了宇通以后有什么反馈,消费者不买宇通的原因是什么？经过长时间的市场调查以后，调研公司得出一个结论，就是宇通公司产的车有一个优点：车皮比较厚，结实耐用。

曾经在四川发生过这样的案例，由于四川的山路比较多，有一次，有个司机开着宇通产的大客车在四川的山路行驶，结果司机一不小心把车开到沟里面了。车子从山路一直翻滚到沟底，一般的大客车这样翻下去肯定得完蛋，但宇通的客车就是结实，除了外表有点瘪以外，车形、车框依然完好。司机和一车客人都只是受了点小伤，并没有人受到特别大的伤害。最后，这个司机敲锣打鼓，给宇通公司送了一块匾，感谢宇通公司造了这么好的车，保住了一车人的命。

因此宇通客车的车皮结实是经过市场检验的。但是公司在宣传的时候不能讲皮实，因为皮实是一个土话，不适合大范围传播，必须要经过提炼才能大范围传播，所以最后经过多方提炼，宇通公司在2005年提出了四个字——耐用是金，把“耐用”两个字作为其客车的最大卖点。为此宇通公司在人民大会堂还策划了一次活动，请了很多嘉宾和客户，活动的目的就是要向所有客户传达一个信息：宇通客车最耐用。经过这样一推广，很多的客车用户都知道了这一点：宇通客车——耐用。

2002年，当时农村的路况很不好，国家开始提出“村村通公路”，宇通公司抓住了这个时机，因为宇通公司宣传的“耐用是金”正好符合当时农村的实际情况，当时大部分的客车在烂路上很难行驶，但是宇通的客车结实耐用，不管在多烂的路上也能跑。宇通公司除了在我国中东部农村做得好以外,在新疆也做得非常成功,因为新疆地区的路况也不好,除了路况不好以外,新疆地域广阔,人口相对稀少,两地之间距离都很长。而宇通的车子经久耐用,所以在新疆地级市到地级市之间,宇通的车子市场占有率可以达到50%以上。可见“耐用”二字的魅力。

现在的中国客车市场上已经形成这样一个格局:讲耐用,选宇通;讲豪华,选厦门金龙;讲安全,选苏州金龙;想省油,选安凯客车。我们会发现这四家客车公司都有差异,各有竞争优势。但是宇通客车的耐用更符合中国国情,所以宇通在市场上的占有率就是第一了。

宇通之所以成功,原因就在于他主动提炼自己的优势,塑造差异化,主动给自己定位、给自己归类。早期的宇通客车,车子后面写“宇通客车”四个字,而现在宇通新出来的客车,后面写的是“中国客车”。格局变了,宇通成了中国客车行业的领导者。

企业需要寻找、挖掘自己的优势,这一点非常重要。宇通在这一点上就是典范。宇通公司不凭空喊优势,而是用论据来证明自己的优势。宇通在提出自己的主卖点“耐用是金”后,就根据市场调研罗列出了可以支持其主卖点成立的四大方面:第一,故障率低;第二,运行时间长,车的寿命长;第三,宇通客车油漆刷得好;第四点,宇通的耐用体现在它的适用性,适用于一切路况。所以宇通的耐用不是凭空捏造的,而是有支撑点的。

企业在提炼优势时不能凭空捏造,而要有东西做支撑,只有这样你的优势才会有根基。

我们说有优势应该提炼优势，那没有优势怎么办？

没有优势要懂得创造优势。

举个例子，农夫山泉的广告词——农夫山泉有点甜。但农夫山泉其实并不甜。那农夫山泉为什么要做这样的广告词？其实农夫山泉不光是在卖水，更在卖水的外延，农夫山泉卖的是一种感觉，是一种文化，是一种气度，是一种水以外的东西，它把水的附加值扩大了。

一言以蔽之，农夫山泉卖的是一个概念，卖概念的过程其实就是创造优势的过程。

流行的东西是制造出来的，优势是可以创造出来的。凡是流行的东西，都有一部分是人为的因素，人为地在后面创造流行、创造优势。

“逢年过节不收礼，收礼就收脑白金”，其实脑白金做了一个精确的卡位动作，它迎合了大众心理，解决了大众难题，因为大部分人逢年过节都头痛究竟送什么礼物。脑白金广告出来后，消费者再次为送礼发愁的时候，一下子就想起脑白金了。脑白金正好占据了消费者心目当中的一个位置，所以说这是一个精确的卡位。当然这个广告的本身就是一种有效的宣传，就是一种流行。

当然不同的行业创造优势的方法也不同，娱乐行业是“一分能力，九分包装”。消费品行业就不能过度包装，应该是“三分能力，七分包装”。在工业品里要“七分能力，三分包装”，要实实在在有真东西，再加上一点点包装。所以不同的行业，炒作的方法是不一样的。

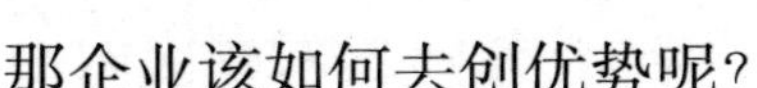

那企业该如何去创优势呢?

企业创造优势战略有以下六大步骤:

步骤1:客户价值分析。

客户价值是为目标客户提供能满足其需求并达到客户满意和忠诚程度的产品或服务,而且这个产品或服务是能够代表企业个性的。客户价值包括产品和服务对客户的经济价值、功能价值和心理价值。

分析了客户价值后,就要圈定:哪些是需要重点服务的客户,哪些是需要放弃的,怎样增加客户价值。客户价值决定一个公司的目标市场。

中国移动有三个品牌:全球通、动感地带、神州行,分别针对不同的目标客户需求提供不同的服务。全球通——质量敏感型客户,身份尊贵,对话费价格无所谓,对服务有较高要求。中国移动在营销上设立全球通 VIP 服务,讲究专属理念。动感地带——价格敏感型客户,学生居多,时尚潮流,便宜就好,短信需求高。神州行——价值敏感型客户,讲究性价比和实用性,对话费价格的性价比关注度高,临时使用等特点。

中国移动通过对三类目标用户不同需求的划分,提供契合目标客户需求的产品和服务,这就是重视客户价值的做法。

步骤2:选择目标客户。

目标客户是指企业的产品或者服务的对象,是企业产品的直接购买者或使用者。目标客户要解决的根本问题是企业准备向哪些市场区域传递价值,客户的需求正是企业营销努力的起点和核心。企业应当细分市场,明确客户之间的差别。不要试图向所有的客户提供需要的所有价值,应根据自身特点有所侧重,选择合适的客户。

联通3G主要目标用户就是数据用户,公司希望利用成熟的WCDMA终端和建网技术抢占高端用户市场,而语音通话并不是联通3G主要的发展方向。因此,中国联通3G套餐中数据业务占70%,语音通话价值占30%,迎合了商务人士和时尚人士的消费需求。

步骤3:提供解决方案。

调查客户需求,通过各种途径与客户沟通,了解他们具体的采购要求,形成有竞争力的解决方案,获得客户的信赖。

从20世纪60年代到80年代,IBM一直主宰着计算机行业。公司既没有提供最低价格,也没有及时推出新产品,IBM的产品也不具备最先进的技术。但是IBM为客户提供了最好的信息技术服务,以及个性化的全面解决方案,方案涉及硬件、软件、安装、野外服务、培训、教育和咨询等。

步骤4:建立区隔。

知己知彼是在市场竞争中取胜的前提。分析自己和竞争者的优势和劣势,确立企业解决方案的独特卖点,围绕独特卖点配备好人、财、物,建立竞争区隔。

化妆品市场上,各国产品群雄逐鹿。虽然国际知名品牌通过不同品牌产品细化了目标人群,但都不愿意降低身份,而是把自己品牌塑造成年轻白领或者时尚青年们的理想品牌。

大宝则利用了这些大品牌不愿“低就”的心态,以工薪阶层为目标人群,以独有品牌概念来塑造自己,建立区隔,使自己在品牌利益上比其他的国产品牌有更大的塑造空间和市场机会。

步骤5:传播卖点。

卖点就是一个消费理由。它是企业为展示自己产品的特点、优点,而提炼的语言和演示。企业在确定好独特卖点之后,需要整合公司的资源,将卖点准确地传播出去,传播给目标客户及潜在的目标客户,强化成品牌认知。

乐百氏的纯净水“27层进化”、海飞丝的“去头屑”、科龙空调的“宁静无噪音”等,这些品牌都在传播卖点,而且他们都在积极创造一种常识,使客户想到这样产品时,马上和他们的卖点联系起来,形成了一种认知和常识。

步骤6:做到最好。

自我调整以满足客户需求,调整方面包括企业的质量管理、产品研发、产品包装、服务、生产能力及管理能力等。

20世纪90年代,海尔的发展受到了落后的内部组织流程的限制。传统的业务孤岛使得跨部门合作无法实现,重复的组织活动导致运营成本居高不下。后来,海尔为了实现流程优化,对组织机构进行了调整,把一些类似的企业活动变成共享的服务中心,将原来隶属于每个事业部的财务、采购、销售业务全部分离出来,整合成独立经营的商流推进部、物流推进部、资金流推进部,实行全集团范围内统一管理;将人力资源开发、技术质量管理、信息管理、设备管理等职能管理部门从各事业本部分离出来,成立独立经营的服务公司。

在外部，海尔利用外部合作伙伴开发了客户服务系统，从方案设计、实施、培训到整个网络系统的维护，都交给外部合作伙伴完成，以提高服务质量及响应速度。

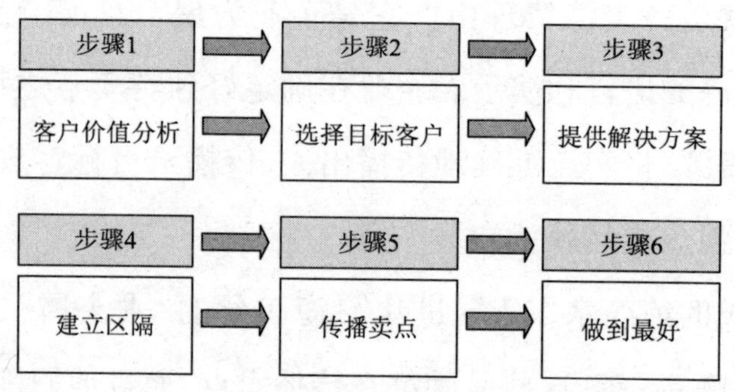

图5－2　创造优势战略的六大步骤

企业创造优势后，还必须要让你的优势与消费者形成共鸣。这里有一个心智卡位的过程，要想心智卡位卡得好，必须要建立绝对优势。

举个例子，你和竞争对手都要对消费者宣传公司的服务，竞争对手花了一百万的宣传费，那么你必须要花一百七十万去宣传这就是“1.7倍标准”。要想建立绝对优势，在区域市场占有控制地位，必须要符合“1.7倍标准”。

工具:挖掘竞争优势需要考虑的细节表

表5-1 竞争优势细节表

需要考虑的重点	详细内容	是否通过
未来目标	1. 什么驱使着公司成长并生存下去? 2. 公司各级管理层对于未来如何考虑? 3. 公司战略目标是否明确?	
现行战略	1. 竞争对手在做什么? 2. 竞争对手能做什么? 3. 该行业现在如何竞争?	
企业实力	1. 我们企业的绝对优势在哪里? 2. 我们企业的绝对劣势在哪里? 3. 我们企业面临的风险在哪里? 4. 我们企业面临的机会在哪里?	
竞争对手反应	1. 竞争对手对其目前地位满意吗? 2. 竞争对手将做什么行动或战略转变? 3. 竞争对手哪里易受攻击? 4. 什么将激起竞争对手最强烈和最有效的报复?	
自我假设	1. 假如该行业受到影响,我们的承受能力有多少? 2. 假如公司内部管理出现问题,我们承受能力有多少? 3. 假如竞争对手快速追击,我们的转变有多快? 4. 假如我们做一项战略调整,我们能坚持有多久? 其他……	

表5-2 竞争者产品优点、弱点分析表

主要竞争者与本公司产品比较		特色
本公司产品	优点	
	弱点	
主要竞争者产品	优点	
	弱点	
	优点	
	弱点	

表 5－3　企业产品的售价与主要竞争者比较

付款方式	本公司产品 1	主要竞争者				
		竞争者 1	竞争者 2	竞争者 3	……	……
定价						
售价						
分期付款价						
付款方式	本公司产品 2	主要竞争者				
		竞争者 1	竞争者 2	竞争者 3	……	……
定价						
售价						
分期付款价						

表 5－4　竞争产品具体分析表

竞争产品比较项目	产品 1		产品 2	
	描述	得分	描述	得分
产品名称				
材料				
质地				
规格				
颜色和包装				
功能				
科技含量				
价格				
结算方式				
运输方式				
服务				
代理商				
品牌				
区域内员工人数				
市场占有率				
市场变化				
上月回款				
客户满意度				
其他				

注：评分标准可以自行设定。尽可能设定多项指标对产品进行分析。

第六章 卡位战略第三步骤:做到最好(聚焦)

激烈的市场竞争中,只有出头鸟才有充足的生存空间。第一、第二的吃肉,第三、第四的喝汤,第五、第六的啃骨头渣子。因此,要么不做,要做就做到最好。如果无法在所有的方面做到最好,就需要专注优势的领域,在此做到最好。这就是卡位的聚焦原理。

做到最好的标准是什么?

做到最好的标准是什么?汤姆逊的回答是“我能做到而别人做不到”。通用电子的回答是“第一或第二”。乔．吉拉德的回答是“追求完美、不要自我设限”。

【案例】 汤姆逊:我能做到而别人做不到

汤姆逊集团是全球第四大消费类电子生产商。1988年,汤姆逊并购了GE的消费电子部门,并把医疗器械业务置换给GE,从此成为一个专业的视讯产品厂商。汤姆逊在三个领域扮演着世界第一的角色:为媒体和内容商提供产品和服务的供货商、数码译码器供货商、家用电话供货商。

汤姆逊占有整个欧洲解码设备60%~70%的市场份额,并垄断了好莱坞所有主要的内容传输与后期制作设备及其服务。汤姆逊生产的数字电视机顶盒市场份额居全球第一,中国许多电视台的传输与接入设备也来自汤姆逊。在欧美的DVD碟片软件市场,汤姆逊下属的碟片公司更有市场份额高达85%的垄断性占有率。同时,汤姆逊还是网络背投技术及设备的重要提供商。

汤姆逊研发产品有一个很重要的理念就是“抓住顾客的感觉”,他坚信,消费者今天要的东西并不代表明天还要,汤姆逊只做“我能做到而别人做不到”的产品。汤姆逊集团的三个优势是:

第一,领先的视频技术。汤姆逊集团在这方面的领先技术十分明显,优势也十分明显。

第二,市场优势和紧密的客户关系。世界上几乎所有大型网络运营商、渠道运营商或者是媒体、娱乐行业的巨头都跟汤姆逊有着紧密的合作,汤姆逊通过这种紧密的联系,根据他们特殊的要求,为他们提供定制的服务或者产品,从而能够达到他们对高图像质量和服务质量的要求。

第三,业务聚焦——视频,还是视频。汤姆逊集团的业务重点除了视频还是视频,因此,相比其他的竞争对手,汤姆逊集团在视频技术方面从广度和深度来讲都有着更多、更丰富的经验。竞争对手还做很多其他的事情,广泛的业务范围使得他们对视频研究不够深入,这就是汤姆逊的优势之一。

其实,做到最好就是把自身的优势发挥到极致。站在企业角度,就是把企业的优势在行业里展现完美,增强实力,成为行业的第一。

做到最好,成为行业第一的优势是可以抢占客户的心智,成为客户心目中的首选。一旦在客户的心目中形成第一的概念,对于企业的影响力是很大的。

比如大部分的人都知道并且记得:世界最高峰是珠穆朗玛峰;篮球打得最好的中国人是姚明;110 米跨栏,最快的中国人是刘翔;水稻之父是袁隆平。那么,我们是否能够知道并且记得:世界第二高的山峰是什么?篮球打得第二好的中国人是谁?110 米跨栏,第二快的中国人是谁?第二个水稻研究最好的人是谁?

从以上的内容可以看出,一旦成为行业第一后,产生的影响力是无可限量的。而做到最好的标准便是成为细分行业的第一。

【案例】通用电子:第一或第二

聚焦于视频业务的汤姆逊集团对做到最好的回答是"我能做到而别人做不到"。作为多元化成功标杆的美国通用电气公司对此给出了这样的回答:"我想我们要把所做的每一个业务做得最好。在多样化的前提下,每一个我们做的业务都要比其他任何人做得好——就是在你做的业务中,做到最好。我想这是你做的最重要的事情。第一位的人打个喷嚏,第五位的人就得肺炎了,而那些弱的人都要感冒和得病,所以第一位是非常强大的,你一定要做得最好。如果没有做到的话,要找到合适的方式成为第一,这个是你努力的目标,要你来控制。"

——通用电气前 CEO,杰克·韦尔奇

美国通用电气公司是世界上最大的电器和电子设备制造公司,它的产值占美国电工行业全部产值的四分之一。通用电气由多个多元化的基本业务集团组成,如果单独排名,有 13 个业务集团可名列《财富》杂志 500 强。"数一数二"战略是通用电气的指导原则。要么数一数二,要么面临整顿、出售或者关闭。

通用认为:在竞争行列里位置居中的产品销售商和服务商将没有存在的余地,必须在每一种所参与的行业里争做第一名或第二名,才能在这种增长缓慢的环境中获胜。它们必须在机构方面最精悍,开支方面最节省,优质产品或优质服务方面在世界上名列第一或第二;它们必须有技术上的优势,在市场中占据有利地位。

在周期性业务中,受到影响而急转直下的企业,正是处于第三、第四及以后的企业。处在第一、二位的企业不会损失市场份额,因为它们处于领先地位,可以主动利用价格策略。由于具有这样的地位,它们便有能力开发新产品。

洞察到那些真正有前途的行业并加入其中,同时坚持在自己所进入的每一个行业中都做到数一数二的位置。无论是在精干、高效,还是成本控制、全球化经营方面都要做到一个最好的地位,而不是在一个竞争非常激烈的环境中做一个中等的企业。

在"数一数二"原则下,著名 CEO 杰克·韦尔奇对公司业务进行大规模的调整重组,通过重组或收购增强核心业务、高科技业务和服务型业务,剥离其他业务。剥离的业务主要是:无法掌握自己命运的业务,例如,通用电气公司中央空调业务;与公司整体经营理念不一致的企业或业务——公司理念是希望每一位员工都能够感觉到自己的贡献,而且这种贡献要看得见、摸得着、数得清,通用电气旗下的犹他国际公司,虽然赢利能力很强,但由于行业的赢利状况起伏不定,也被剥离了;门槛很低、竞争激烈、赢利能力低下的业务,例如,传统家电业务;回报率不高的业务,例如,半导体业务。

其中,最典型的例子是对美国无线电公司的收购和重组。

1985年,通用电气以63亿现金收购了美国无线电公司(RCA)及其子公司全国广播公司。通过收购RCA,通用电气拥有了一个巨大的电视网、一个国际化的医疗设备企业和一个占据重要地位的全球卫星公司。

收购之后,通用电气又将合并后的电视机制造业务与法国汤姆逊集团的医疗造影设备公司交换。汤姆逊集团的医疗造影设备公司在行业内排名前三名之外,而通用电气在美国医疗设备行业虽然位居前列,却迟迟难以进入欧洲市场。

交易之后,通用电气在欧洲的市场份额增长三倍,提高到15%,汤姆逊集团也一举成为世界第一大电视机制造企业。事后韦尔奇说:“那时候我们把这个业务卖给汤姆逊,这是我们建立战略协作的方式。我们有自己的业务战略,就是成为世界第一或第二的战略。在电视方面,那时候我们是第三、第四,汤姆逊差不多是第二位,而在医疗设备方面他们是第六,所以我们进行了交换。”

聚焦原理:找准焦点

【案例】 许继集团的“瘦身行动”

许继集团公司是我国机电行业开发生产电力系统继电保护和自动化控制成套设备的国家大型一类企业,连续多年跻身“中国重大装备制造业100强”,1996年更是在全行业率先通过ISO 9001国际质量体系认证。许继的成功是它由多元化聚焦到其核心专业的结果。

早先的许继集团实行多元化的战略,手下有着大大小小子公司近70个,业务涉及房地产、金融证券、医院、教育等多个行业,其目的是走国际化的市场路线。结果,每家子公司纷纷伸手要钱,许继的资金周转出现了很大的问题,整个集团的日子很不好过。

为改变这种局面,许继集团不得不进行“瘦身减肥”运动:放弃多元化经营,对其核心主业进行聚焦。为此,许继集团放弃了对天宇电气的掌控,剥离各种辅业,推进子公司改制。

2006年,许继集团董事长王纪年亲自担任改制领导小组的组长,并提出"放开周边,聚焦核心主业"的指导思想,改制也将围绕着两方面展开:集团层面继续寻找战略投资者、积极推进非上市子(分)公司的产权制度改革。

这也就是说,纳入改制范围的主要有两部分。一是旗下除许继电气外的全资、控股子公司,集团拟退出这些子公司的全部或部分股权,第一批改制的子公司有16个,截至目前这些企业已基本改制完毕。二是集团辅业单位,许继集团一方面对它们独立面向市场的业务职能全部实行民营化,与集团完全分离;另一方面将它们无法独立面向市场的行政管理职能部门与集团相类似部门整合,实现管理职能的高效简洁。

这次"瘦身"让许继专注到自己的主业上面,不断扩大自己核心产业的优势,从而在行业内保持了领先地位。

案例分析:市场小的时候,企业要成长只有走多元化,而市场越大越需要专业化。就上市公司等大企业而言,做大主业具有更大的空间。随着某一产业从成长期步入成熟期,产业组织也将从分散走向集中,从而为该产业的优势企业创造更多的横向兼并和重组机会。如今随着世界经济一体化、信息革命不断向深层次延续和知识经济的产生,技术创新一日千里,无国界经营更成为大势所趋,没有任何企业能孤立于全球竞争之外。这不仅要求企业必须具有国际化的战略思维,最重要的是必须聚焦于专业强势,争取和保持核心业务的领先地位。

人们常常以"水滴石穿"来形容有志者事竟成的坚定毅力,但

是往往忽略了“水滴石穿”是水滴的滴落点在同一处，这是一种专注，更是一种聚焦。假如水滴的滴落点不在同一处，即便是源源不断、经年累月，也无法滴穿大石头。这就是聚焦的力量。

激光可以用来切割钢铁。就能量强度对比，激光是无法和太阳光相比的，之所以太阳光无法切割钢铁而激光能够切割钢铁，道理只有一个，那就是太阳光是发散的，而激光是聚焦的，这就是聚焦与否的区别。

表6－1 聚焦与否的区别

	太阳	激光
能量大小	强	弱
效应	弱	强
区别	没有聚焦	聚焦

好的企业一定要聚焦，获得核心优势。事事通不如一事专。企业可以将有限的资源聚焦于某一个局部，这样反而能够产生强大的能量，给企业带来意想不到的收获。只有找准焦点，才能把力量充分地发挥出来。焦点，也就是突破点。对企业来说，需要不断地寻找、更新企业发展的突破点。

向深处，不要向宽处发展

钉子、锥子、钻头，所有突破阻力的工具都是尖的，而所有用来增加阻力的工具都是宽的，比如降落伞。这是生活中的常识。

运营企业也是一个道理。

向宽处发展只会增加竞争对手。进入一个领域，就增加了几个甚至几十个竞争对手。再进入第二个领域，又增加了几个以至几十个竞争对手。进入的领域越多，竞争对手就越多。到最后，被

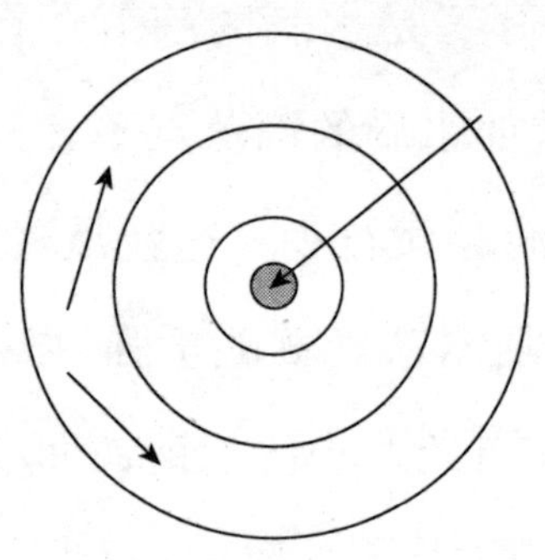

图6－1　向深处发展

竞争对手团团包围，根本数不清有多少竞争对手。而向深处发展得到的是领先，是合作，是合作伙伴。做的越好，就越和别人互补，别人就更愿意和你合作，而不是竞争。得道多助，失道寡助，这个“道”就是聚焦。宁挖一口井，不挖十个坑，也是这个道理。

向深处发展还能引起“连锁反应”和“杠杆效应”。当在一个领域发展深入，拥有一种特殊的核心能力之后，可以以这种核心能力为杠杆，撬动更大的市场。

腾讯多年耕耘即时通讯领域，QQ是中国用户最多的即时通讯工具，凭借QQ的巨大用户量，腾讯迅速地在游戏、门户、社区、移动增值等领域发展壮大，这就是聚焦的“杠杆效应”。

企业不同时期的焦点

没有一个焦点是永恒的。焦点是阶段性的，是会变化转移的。一个阶段只有一个焦点。

企业不同的时期有不同的焦点。在创业期，企业的焦点集中于创新，只有创造新价值才能打破市场的现有格局；在发展期，销售经常成为瓶颈；到了市场格局成型时期，有了足够的资源之后，

纵横捭阖,战略能力变得更加重要;步入成熟期后,企业的价值网络全面得到优化,管理能力成为制胜要素。可见,企业要把握住每个时期的焦点,并为企业的发展战略做出相应的改变。

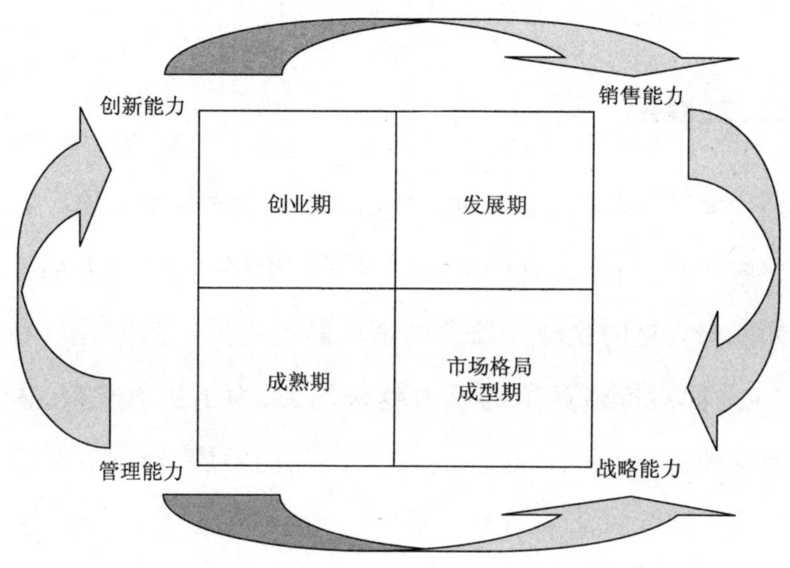

图6-2 焦点的转换

一、创业期

在创业阶段,企业实力弱小,所生产的产品通常处于产品生命周期中的导入期或成长期,产品所占市场份额低,企业需要大量的资金来支撑日常运营;企业发展方向不明,前途未卜。这时,企业面临着两大难题:(1)机会少。对于创业的早期,真正有价值的机会是很少的,能否抓住这些机会是企业成长面临的关键难题。(2)资源匮乏。资金资源和人力资源极度短缺,是创业阶段企业成长面临的主要瓶颈。

为了解决这些难题，创业阶段的企业家必须不断创新，打破市场的现有格局，不断寻找并积极捕捉各种创业机会；同时要动用各种社会关系网络，寻找合作伙伴和财政支持。

二、发展期

到企业发展阶段，竞争对手增加，同业竞争不断加剧。在这一时期，顾客的产品知识日益丰富，对质量、价格、交货等方面提出了更高的要求。这时企业一般会面临产品销售推广的问题。在这个阶段，企业面对价格竞争的压力越来越大，为了扩大规模，占据有利的市场地位，企业不再满足于单一产品的发展，转向产品多元化开发。

为了解决这些难题，创业阶段的企业家必须不断开拓各种销售渠道，向社会推介和营销自己的产品。为了防止跟随者与模仿者，企业还需要运用差异化的产品战略，与竞争对手形成差异，如专做某种产品，或专做某种产品的某一环节，并最终形成自己的竞争优势，培育出自己的核心竞争力。

三、市场格局成型时期

一般来说，进入市场格局成型时期的企业已有了足够的资源，此时的市场竞争格局也越来越白热化和多样化，这时就需要企业站在战略的角度来规划企业未来的发展方向。此时的客户不但要求产品质优价廉，更要求在某些方面能给他们带来独特的价值。

品牌战略在市场竞争中越来越重要。

为了解决这些难题,扩大自己的市场份额,企业家必须从战略下手,规划好企业的品牌和企业文化战略,将精力聚焦在企业的主营业务上并做大做强品牌。并且,企业家必须有计划有步骤地进行企业文化的营建——树立企业自己的价值观,弘扬企业精神,宣传成功范例,系统性地营建企业文化。

四、成熟期

进入成熟期阶段的企业组织结构层次日益提升,管理分工日趋复杂,同时企业运行效率趋于递减,企业家面临管理的问题。在这个阶段,随着市场规模的扩张,企业经营管理变得日益繁复,企业的经营跨度增大,这时最容易出现经营无秩序和管理无制度的混沌局面,具体表现为人员权责不清、业务流程不规范和执行力低下等,最终导致企业运营效率下降。

为了解决这些难题,规范企业运作流程与管理制度,企业家必须优化组织结构和业务流程,完善管理制度,明确资源配置方向,提高员工的执行力。只有把管理能力提上去,企业才能在这个阶段继续保持领先地位。

如何保证做到最好？

【案例】 中集集团用规模卡位成为第一

中集集团在全球集装箱领域这个细分市场的卡位做得很好，它是靠规模卡位。中集集团本身是国字号的企业、上市公司，一种集团化的运作。这样的公司，他们做的模式就是利用我国的资源与后台不断地兼并、重组。在国外同行业当中做得不错的企业也是通过这种资本运作不断地控股、兼并，从而让自己做大。举例来说，在能源化工方面，中集集团收购了荷兰的博科工业公司——专做“净态厨罐”的公司。同样，它收购了国外的安瑞科能源装备控股有限公司——专门做压力容器、压缩机、高端燃气装配产品。在海洋工程这个部分，中集集团收购了烟台莱福斯船业公司，进入了海洋工程领域。在机场这个板块，它也是全球领先的专业公司。因此它是通过扩大规模的方法成为第一。

企业要想制定游戏规则，成为最好，不需要什么都做，而是应

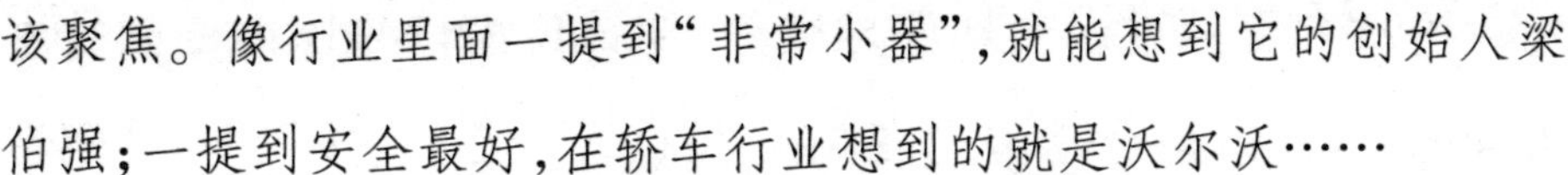

该聚焦。像行业里面一提到“非常小器”,就能想到它的创始人梁伯强;一提到安全最好,在轿车行业想到的就是沃尔沃……

只有如此,企业才能真正地把市场标准给制定好。要想有效地把游戏规则制定好,企业一直要做到客户心智模式——一提到这个产品就想到了你,它不一定是第一,但一定是客户首先想到的,这就叫游戏规则。

在娱乐行业,是一分能力,九分包装;在快速消费品行业,是三分能力,七分包装;在工业行业,是七分能力,三分包装;完美的外包装能够促进产品的销售。美国最大的化学工业公司杜邦公司的一项调查表明,63%的消费者是根据商品的包装来选购商品的,这就是著名的杜邦定律。一个英国市场调查公司的报告说,去超市购物的妇女,由于受精美包装的吸引,所购物品通常超出计划购物数的45%。由此可见包装对快消品行业的重要性。

在工业品行业,企业同样需要包装,争取做到一提到这个行业,就要提到你。就像一提到我国的空调行业,就必然会提到格力空调一样,因为“好空调,格力造”。企业把竞争优势提炼出来以后,要大力进行宣传包装,让你的优势变成绝对优势。如果不加以宣传,客户心目当中的心智模式就会很容易被竞争对手卡位。

企业可以通过以下四个方面进行有效的宣传:

第一方面,要针对终端客户进行有效宣传。终端客户,即付钱的人。在工业产品里,有时候会碰到设计院、总包、业主,在这三个模式当中,我们要宣传的重点是谁呢?这里有一个原则——谁付钱就重点向谁宣传。

1995年海信就辛苦地倡导变频，应该说海信是国内变频技术方面的先行者，甚至是国内变频技术的领导者。它好不容易塑造了一个变频概念，却慢慢被美的抢过去了。这就是我们经常说的，在市场中要快，快市场一步，是先烈；快半步，是先驱。海信就是行业的先烈。当市场消费者慢慢开始接受变频概念的时候，即市场机会点来的时候，海信应该加大市场宣传力度，否则变频这个概念就被美的卡位卡住了，这对于海信的市场是极其不利的。

这个案例给我们的启发就是，当我们去宣传的时候，当时机成熟、市场起来的时候，要加大对终端消费者宣传的力度。否则好不容易塑造出来的优势就会被竞争对手卡位卡住，这就不利于企业的长期发展。企业在重点宣传的时候，必须要深度了解客户的需求，有的时候你打出来的广告很好，但是客户没有认可，仍然是白搭。所以企业必须要深入到市场，对客户的需求做详细的市场调研，让你的终端客户认同你。做到了这一点，宣传才会变得更加重要，因此在针对终端用户宣传的时候必须要花80%以上的精力。针对你的终端用户宣传，防范终端用户对你形成背离，这一点非常重要。

第二方面，要针对同行进行有效宣传。同行就是竞争对手，针对你的同行进行宣传就是要告诉竞争对手这个位置我已经占了，你就不用占了。沈阳有家公司的老板针对竞争对手是这么做的。他搞了一个一体化节能减排的产品，这个产品非常好，他们为了规范竞争对手做了一件事情，发律师函，对所有的竞争对手包括与它产业链相关的竞争对手都发了一封律师函，告诉它的竞争对手，我的产品出来了,你不能模仿我,你模仿我的话我就要进行法律诉讼。这一招很高明,高明的地方有两处。第一,能有效地避免竞争对手介入;第二,我这么一露,大家就会关注我。国家提了很多节能减排的产品,但一直没有真正的产品出来,这个产品究竟是怎么样的呢,大家都会去关注。因此在行业里就会形成一种议论,行业的议论就让竞争对手帮你做了义务的宣传。这是它高明的地方。

第三方面,要针对政府、行业协会进行有效宣传。因为行业协会是代表政府的,如果政府认同你,那么你的优势才会更加明显。如果你宣传到位,政府往往就会认为你有潜力,也许就会在你企业发展的阶段扶你一把,让你的公司更好更快地发展。

第四方面,要针对研发机构进行有效宣传。研发机构,就是你目前的技术研发组织。这些组织可能是大学的某些研究机构,这个地方也是你应该宣传的重点。

所以总结下来公司要针对四个方面进行有效宣传:

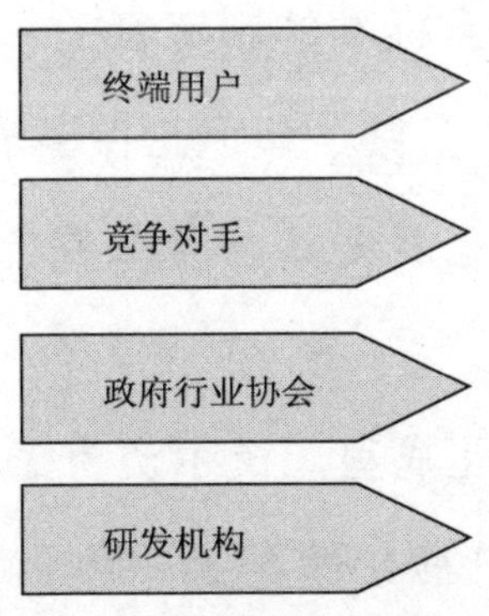

图6-3 公司有效宣传的四个方面

公司要进行有效的宣传,一定要实事求是,不能凭空捏造、过于夸大公司实力。我们经常发现有一些公司夸大自己,过于包装。举个例子,假设在工程机械行业中,企业一年能做十个亿,就说自己是国内工程行业的老大,那你将一年做一百多亿的徐工集团置于何处。你的定位太不符合公司的实际情况,盲目夸大自己,包装得太过了,这样的话你就不能正确认识自己的企业,也看不到公司真正的竞争优势在哪里。所以你需要做的是对自己企业实实在在的优势适当做一点包装。

做到最好,成为行业游戏规则的制定者

企业将竞争优势提炼出来,并将优势进行包装宣传后,下一步就是将你的优势发挥到极致。你可以制定这个行业的游戏规则,是这个行业的领导者。这才是企业战略发展的核心和关键。

什么叫游戏规则制定者?举例:空调行业一提到服务最好,大家都想到海尔;汽车行业一提到安全,大家就想到沃尔沃。从这个角度看,海尔和沃尔沃就是游戏规则的制定者。

【案例】 安全标准的制定者——沃尔沃

沃尔沃为车子的安全做了如下几件事情:

一、发明保险带。也就是说全世界在车子上面的保险带是沃尔沃公司发明的。

二、车门框架一体化成型。沃尔沃为了增加车子的安全系数,把车子侧面的两块车门框架做成了一体化,不像有些国家是焊接型,两者之间是有差异性的。

三、自动报警设施。沃尔沃最近的新车都安装了自动报警设施。如果你的车速太快,超出一定车速,它就会给你自动报警。而且速度越快,叫得越厉害。同样,如果你车开得太快,距离隔壁的车超过一定距离,它也会给你提示。

这就是沃尔沃做的安全方面的事情。它定位在安全上以后,就一直不停地沿着安全这个点打造,一直打造到行业里面。所以沃尔沃就成了安全标准的制定者。

游戏规则只有一个标准,就是客户在心智模式当中一想到这个行业的产品,第一个想到的就是你。标准不一定是第一,但标准一定是客户心智模式的第一反应。我们必须要卡占客户的心智模式,也就是说,我们的立场必须要反馈到客户的心智模式里头。举个例子:如果我是做电器自动化的,一提到高压,想到的就是我;一提到变压器行业,想到的第一名就是我;一提到工程机械行业的老大,想到的就是我。这就叫游戏规则制定者。

那企业可以从哪些方面下手制定游戏规则,卡占客户的心智模式呢?

一,技术卡位。用技术来制定行业当中的游戏规则。如微软,游戏规则都是它定的;一打开电脑,用到的都是 Microsoft 的软件。这个就是技术方面的制定者。

二,概念塑造。制定游戏规则不一定只从技术上面下手,还可以采取塑造概念的方法。如品质最好选格力,服务最好选海尔;又如先前宇通客车案例中,它打出中国客车行业的领导者的口号。这就是一种行业领导者的概念。“逢年过节不收礼,收礼就收脑白金”,这就是一种概念的炒作。“农夫山泉有点甜”,这也是一种概念的塑造。

三，市场卡位。也就是细分市场，在市场这个领域里不断地塑造与挖掘。

四，规模卡位。是指做到在细分市场里面最大。无论是在中国最大还是在全球最大，我们都可以用规模卡位。也就是在这个领域我是行业的领导者，我是细分行业的第一。

表6－2 做到最好的市场评估表

模块	明细	详细内容	评估
企业基本情况	1. 企业战略	该企业的战略如何定位	
	2. 产品定价	产品销售成本的构成及销售价格制订的依据等	
	3. 重要促销手段	常用的促销手段如何	
	4. 目标市场	目标客户及市场是否明确等	
营销状况	1. 市场状况	目前产品市场/规模/广告宣传/市场价格/利润空间等	
	2. 产品状况	目前市场上的品种/特点/价格/包装等	
	3. 竞争状况	目前市场上的主要竞争对手与基本情况	
	4. 分销状况	销售渠道等	
	5. 宏观环境状况	消费群体与需求状况	
SWOT问题分析	1. 优势	销售、经济、技术、管理、政策等方面的优势力	
	2. 劣势	销售、经济、技术、管理、政策（如行业管制等政策限制）等方面的劣势力	
	3. 威胁	市场竞争上的最大威胁力与风险因素	
	4. 机会	市场几率与把握情况	
目标	1. 财务目标	公司未来3年或5年的销售收入预测	
	2. 营销目标	销售成本毛利率达到多少	
营销策略	1. 渠道	分销渠道多少（包括代理渠道等）	
	2. 销售队伍	组建与激励机制等情况	
	3. 服务	售后客户服务如何	
	4. 广告	宣传广告形式如何	
	5. 市场调研	主要市场调研手段与举措	

续表

模块	明细	详细内容	评估
风险控制	1. 风险来源	了解有哪些风险	
	2. 风险方法	应对风险的方法和措施	
财务指标	1. 财务表	财务资产负债表、利润表等	
	2. 预算表	财务预算表,风险控制表	

第七章 卡位战略第四步骤：建立团队(借力打力)

制定游戏规则,光靠一个人是干不出来的。企业战略可以由老板一个人规划出来,但是长城不是一天做起来的,企业需要靠团队来经营。

企业的团队可以有两个方面的理解:第一,企业可以在自己公司内部建立营销团队,把企业的战略优势发挥得更好;第二,企业可以靠外面的专业咨询公司来添砖加瓦,借力打力,这样速度来得会更快一点。

建立团队的难点在哪里?

【案例】 昆明某装饰材料公司的团队优秀在哪里

昆明某装饰材料公司作为专业的装饰材料提供商,拥有年产高晶天花板100万平方米的生产能力,目前拥有100多个板材花色品种,产品包括普通天花板、吸音天花板、超轻型天花板、带金属条暗装天花板、特质防水天花板、异形天花板等。公司在北京开设了分公司和办事处,但是营销项目的进展很难直观表现出来,有些项目还很难掌控。项目团队的整体配合出现了很多问题。

一、问题分析:

1. 该公司销售人员(经销商)掌握了100%用户的信息。公司业务以依赖销售人员为主;没有重点项目工程开发部门;经销商使用公司的产品,不知道用户信息。

2. 项目销售过程缺乏标准化流程,靠艺术而非科学管理制度。销售人员是技术背景,没有真正的销售经验;没有明确的销售流程及标准，无法指导经销商。

3. 项目单兵作战，项目团队的角色与分工不清晰。技术工程师是销售人员的下属，起直接指挥作用；技术工程师了解用户的信息不充分，导致经销商要求出方案匆忙；技术服务部门目前重点是解决客户投诉及质量问题。

4. 缺乏客观的市场预测与销售管理。经销商往往夸大自己的能力，虚报一些项目，从而无法考证。无法给生产部门准确的信息，导致生产与营销之间差异出现扯皮现象；销售预测没有根据，或者根据不充分。

二、改善建议：

工业品的销售周期一般为3—12月，有时会更长一些，并且客户非常得谨慎，考虑时间就更长了。这需要以客户为中心，站在客户的角度，帮助客户定义并引导需求，形成项目采购目标，并帮助客户启动项目。在销售执行上，强调对销售流程的管理和销售团队的管理。在对销售流程管理和控制要求上更加细致，对应到客户内部的采购流程也需要非常明确。因此，建立项目型销售团队很关键。

三、最终方案：

1. 建议该公司建立由销售总监直接把控的项目型销售管理体系及团队，客户资源全部掌握在公司营销管理数据库中，公司营销体系以项目作为龙头。经过调整后，该公司成为用户公认的装饰材料龙头企业，2006年上半年销售收入实现了3倍增长。

2. 建议营销人员的客户开发直观地显现在项目型销售管理体

系中。一方面企业能够很清晰地掌握市场开发、销售人员负责项目进展情况;另一方面对销售人员的自我激励起到了很大作用。另外,也有效地规避了销售人员流失造成的风险。

3. 建议该公司对经销商的掌控在项目型销售管理体系上得到直观的体现,企业对经销商实现适时控制。

在企业管理中,打造团队是让老总比较头痛的问题,特别是工业品行业。因为工业品的客户群体是小众,而不是大众,销售人员大部分要出差办事,管控相对比较少。很多公司都像放羊一样,业务人员出去,一个月回来一次,有的是两个月回来一次,有的是一个季度回来一次,有的甚至一年才回来一次。业务人员在外面干什么企业并不太清楚。因此,这个部分就企业的管控而言很难把握。那么,我们该如何打造团队,进行有效的管控呢?

像这种类型的团队打造及管控,可以从四个角度来开展:

第一,营销中心的组织设计。因为它大部分业务流程,都是先有订单再有生产,所以在营销中心的组织上该如何进行合理化的设计,人员该如何分配,外地的分公司该怎样做,都要做好有效的管理措施。

第二,营销中心管控。营销中心管控内容是:管控费用,管控信息,管控日常的管理,包括管控绩效薪酬。

第三,对业务人员进行系统化的培训跟提升。

第四,借助辅助工具。真正大企业发展的过程,不靠"某一个人开轿车",而是"铺铁轨"。所以我们必须要借一些辅助工具,来让平凡的人创造不平凡的业绩。

1. 营销中心的组织设计

营销中心的组织设计有四个方面:流程规划、组织设计、职能分工、岗位职能。以客户为中心,而不是以产品,所以在营销业务管控中应该有个营销管理中心,来系统地规划日常管理任务。

举例:客户信息来了。第一步,到直销部门或者经销部门;第二步到技术支持中心,也就是授权技术中心,它们应该想办法做协同;第三步到营销管理中心,由招标支持部门来协同;第四步,把订单转到公司的研发部或生产部,根据客户的需求来定制产品;第五步,安装调试完以后进入到售后服务,由专门的售后服务部门来进行监控。所有的一切是一个闭环原理。信息来了再到信息出去,整个过程监控应该有一个营销管理中心,对它进行系统化的管控跟吸收。如下图所示。

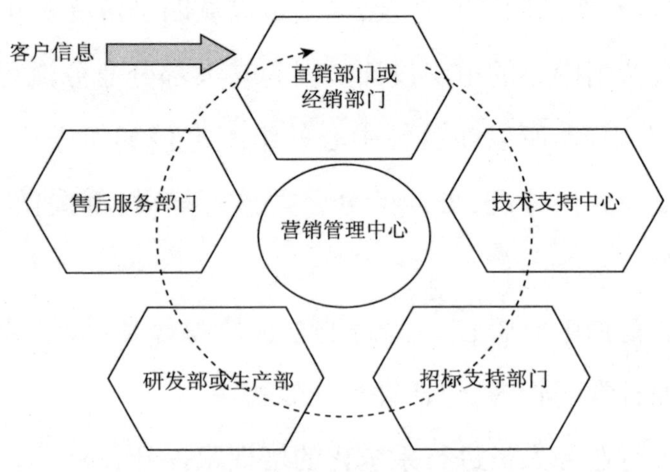

图7-1　营销中心组织设计图

但是很多企业都没有做到这一点,它们做的基本是对人进行管理。对人进行管理固然重要,但在一些特殊行业里,更重要的是要对项目进行有效的管理。在营销中心规划时会涉及的第一个问题是区域管控。区域管控有时候有不同的结构模式,一般来说,市场越不成熟,区域管控越明显。第二个是行业管控。随着市场越来越成熟,精细化程度越来越高,只有区域管控是不行的,企业应该进行行业管控。比如,工业产品面对的都是行业用户,参考华东地区,某企业可能有冶金行业、电力行业、钢铁行业,所以若想要精耕细作,就要进行行业管控。当市场越来越成熟,慢慢进入第三个环节——产品中心。将产品线进行切割,把产品分成低、中、高三档。比如变压器行业中,销售低压变压器跟卖白菜一样,没什么利润;高压变压器利润还不错;特高压变压器利润更高,甚至需要定制。

在这样的一个营销组织结构当中,最理想的模式是四级机构。首先营销老总最大。其次是产品总经理,有可能做低压,也有可能做高压、中高压,甚至做特高压。产品经理下来,就要分到行业里去,比如冶金行业、化工行业、石油行业。再下来是区域经理,管理华东地区、华北地区西南地区。接着再往下分,就是在某个片区下面的销售经理了。这样的结构,确保了公司系统化的运作。在未来的组织规划当中,营销老总排老大,产品经理排老二,区域经理排老三,销售经理排老四。照这样的四级结构来运营,就是一个管控的模式。

如果将营销管理具体到一个业务当中,我们应该遵循的模式是:销售经理在前端,技术授权在中间,公司的高层在后端,财务、法务做强大的后援团。这种模式就是靠一个团队运作的方法,而不单纯靠一个人。所以团队建立及管控的第一步，是把组织设计出来。

2. 营销中心管控

组织设计出来以后，第二步就是营销中心的管控。营销中心管控包括四个方面：一，信息流的管控；二，项目订单的管控；三，销售日常管控；四，营销管控。

一，信息管控。所谓信息管控，就是对业务员一天下来拜访了多少客户、打了多少通电话进行管控。很多工业品行业都有个特点——周期长。一个单子往往是3～6月，如果不去控制它的过程，往往项目前期轰轰烈烈，后期却偃旗息鼓。

所以要达到项目信息管控，结果很重要，但过程比结果更重要。

二，成交管控。成交管控是指了解这个项目进展到哪个阶段，也就是对项目的成交流程进行详细的管控。相对而言，管控得越细，项目成功的概率就越大。也就是把粗放式的营销变成精细化的营销。

三，日常管理。在公司日常业务管理中，你会发现客户信息、销售管控基本掌握在业务员手中，你很难对客户和业务员进行管控。那该怎么办呢？如果组织比较大的话，应该进行系统化的分程管控，也就是让业务员的经理、办事处的主任每周对他进行考核，大区经理每月对他进行回顾。至于大区经理的管控，应该要求他两个月或者一个季度回到总部一次。这样而言，无论是对客户，还是对自己的整个团队，在销售管理上面就会做到精细化管控，而不是变成“放羊”。这是销售管理的流程。

四,绩效跟薪酬的管控。要想确保有效地执行绩效薪酬管控,企业的绩效考核必须要做到四大关键。第一大关键是,目标要非常明确,责任一定要到个人。举个例子,你想考核华东片区,要考核一个亿。这个概念是错的,你要将考核的责任明确到个人,如张经理是华东片区经理,一个亿就压在他身上,只要考核他就行。第二大关键是,要让他写下目标责任书,就是签协议,在协议中规定,如果你今年做到一个亿,那我应该给你什么奖励,多少提成。第三大关键是,目标写好以后,要做绩效辅导,即要想达成这个目标,在资金、能力上我该给你提供什么样的支持和反馈。第四大关键,对绩效的过程要做到及时奖励。也就是他每做一点,我们就给他相应的结果。做得好应该及时奖励,做得不好,应该象征性地惩罚。

但是在绩效跟薪酬当中,有一个问题难以回避,就是公关费用问题。是完全让给业务员,还是让他按照比例来提取。亦或是公司做好监控?关于费用报销的问题,有两个思路。

第一个思路是:不同的级别给不同的项目预算。举个例子,如果是销售经理,一个项目的活动经费给两千;如果是大区经理,活动经费给五千;如果是营销老总,活动经费就是一万块。也就是说,在总额控制的前提下,不同的等级管控费用的方式不一样。

第二个思路是:总额一定的前提下,跟他的绩效挂钩。比如设定好半年应该完成多少任务——如果半年以内你的目标没有达到50%,我就不会给你百分之百报销,我只会报销50%;如果说业绩做到了80%，那就百分之百报销。这样而言，就让他每花一分钱都跟他自己有关。只有落实到具体的某一个人，他的积极性才会有所提升，他才会更加有效地把费用控制好。

3. 对营销人员进行培养

在企业管理当中，很多老总都觉得营销人员难以培养。一般销售人员一开始进公司，前期三个月轰轰烈烈，到后面情绪越来越差，最后就不干了。经研究发现，半年到一年往往是跳槽的高发期。如果半年到一年销售人员能耐得住寂寞，下面再跳槽的话，就在三年到五年发生。如果三到五年能够顺利待在你的公司，接下来十年到十二年又是一道坎。如果超过十二年这个业务员不跳槽，那么他就是你公司真正忠实的跟随者。他就跟着你发展，不会再想跳槽了。这就是业务员发展的一个过程。

了解了这个想法和思路，对老总最大的好处，就是能够了解销售人员在什么时候可能会发生什么样的情况。当他情绪不好时，要适当安抚他一下，如果不安抚他，他就会产生烦躁不安的情绪，所以应该要学会辅导他。但是大部分的公司没有做好辅导。很多公司的确安排了很多培训，这个老师的课也听，那个老师的课也听，听到最后业务人员都烦了。所以对业务人员的培训要有所规划，而不是，他是销售就安排他听销售的课，这个概念是错的。

我们认为对业务员的培养，至少应该做到四个层次。

第一个层次，能力模型的规划，就是了解这个工作岗位对业务员有什么要求。举个例子，如果这个岗位要求经常跟客户打交道，那么业务员的沟通能力要强；如果岗位是属于价格谈判的，那他的谈判能力要强;如果你希望这个业务员帮你做产品演示,那么他演讲的能力要强。所以首先要了解业务员的岗位技能,或者叫岗位的能力模型,这是所有培训规划辅导的第一个前提。有了能力模型就有了标准,知道该把业务员往什么方向引导。

第二个层次,建立测评工具,了解这个人怎么样。测评工具,就是用一些表格的方法来测试他的沟通能力。也可以根据他平时的沟通情况发现他的沟通能力。或者采取跟他互动的方法来测试他的沟通能力,比如说找专家来共同互动。

第三个层次,找出能力之间的差距。比如目前岗位要求业务员的沟通技能要有四分,但是他的能力目前只有两分,从这个角度而言,这就是他的差距所在。沟通技能需要再提高两分。但是,如果说领导能力,这个岗位要求是四分,他的能力要求已经达到五分了,那就不用培训他了,培训他也是白白浪费时间跟精力。所以要找出能力之间的差距。

第四个层次,有计划地安排培训辅导,把它变成培训计划,或者培训体系。

企业对业务员的成长需要很有计划。否则的话,就会出现很多业务员来了又走的情况。经调查发现的情况,悟性高的业务人员要经过一年零七月才能创造价值。这句话隐含的意思是,在一年零七月当中,企业付他每个月的工资,付他的出差补贴是收不回来的,你付出去的,只能到一年零七月这个临近点,他帮你做出业务来,才有办法给你抵消掉。也就是一年零八月以后,才是赚钱的。但是如果悟性不高,则需要两年六个月他才能给你创造价值。

在这两年六个月中基本上是属于赔本，是一种成本中心。问题是：两年六个月当中，业务员真的耐得住寂寞吗？同样，作为老总，他两年六个月没给你带来价值，你也能耐得住寂寞吗？这时供需双方矛盾就会产生，所以企业要有效地去培训、培养、辅导他，把他的能力进行有效的提升。只有这样，业务员的成长才会形成阶梯性。

以美国强生为例，公司所有业务员的业务系统能力要有三十二个。如果你是业务员，就给你安排三个能力。如果是销售经理，就给你另外再安排四个能力。如果你是总监，给你再安排十个能力。如果你是老总，给你再安排五个能力。它是这样一点点去做提升的，企业可以效仿他们做出有效的安排。这里面还有个小问题，大部分的企业家懂得去做培训，但是见效不一定有那么快，更何况一年才安排一两次培训，这种效果就更加不明显。

所以企业对于培训的期望值不要定得太高。如果你想把培训安排得合理，就要按照刚刚营销经理成长的四个阶段来进行，这样才会有章法。

4. 借助辅助工具

成熟的公司最好的模式是建立标准化的体系，也就是说它不是靠能人，而是建立一个标准化的系统来帮企业有效地成长。有些营销过程当中也有章法可寻。企业可以把销售手册体系化，把案例及经验共享，从中挖掘出更多的具体方法，编成系统。最好再用软件把系统进行固化，这样就能有效地把体系落实了。

在营销系统建设中要做到：第一，应该建立合理化的营销中心的组织设计；第二，营销中心做好四大管控；第三，做好营销经理人的能力培养;第四,提供有效的辅导工具。做到了这四个方面,才能让公司避开个人管理的状况,而是真正靠团队去运作,这样组织系统才会更加畅通。要想把团队经营好,做好这方面非常重要。

高绩效团队的5大特点

【案例】 杜邦的团队思维

2008年11月,中国政府宣布投入市场4万亿美元的财政刺激计划。美国杜邦公司总部给大中国区总裁下达了一个任务,那就是竭尽所能寻求中国4万亿经济刺激方案中的新机遇。

但这并不是一件容易的事情。因为企业庞大的业务体系以及各个部门各自为政,使得各个事业部存在一些重复劳动。

于是,杜邦中国总裁苗思凯决定整合一些公司内部的资源,以提高效率。

苗思凯成立了一个叫做“龙项目”的团队,关注高速铁路、清洁能源、基础设施建设三个领域的投资并寻找机会。

4万亿中多数将用于基建方面,而杜邦在基础建设方面包括了很多业务部门,有很多材料会用到;新能源和高速铁路方面则是杜邦在全球做了较多科技研发投入后努力的方向。

“龙项目”的直属成员有20人左右,分别来自北京和上海相关业务部门和职能部门。苗思凯同杜邦中国区的市场销售部门负责人、杜邦中国区研发中心的负责人、杜邦大客户及政府事务部门负责人组成了这个团队的最高领导层。

成立后,这个团队的工作重点是建立有效的信息收集流程,通过与下游客户或经销商的合作,推动和协助业务部门分析信息,并寻求机会。

信息收集流程主要是由一个被称之为“信息和资讯”的小组负责。这个小组是杜邦“龙项目”团队的核心部门,负责收集、分析和传递有关项目信息,以帮助相关业务部门或行业专项小组发掘业务可能性。

“信息和资讯”小组的成员会集中去向有关部门了解一些获批的项目信息,也会从网上收集信息,还会从国内的经销商和客户处获得一些信息。谁是项目的所有者,项目的工期安排,项目有哪些材料承包商,进展情况如何,是否会公开招标等问题,小组都必须弄清楚。

信息小组主要的工作是收集信息,但哪些信息可能包含着商业机会,哪些部门应该参与进来,这些问题则由相关的事业部来进行分析。

当一个项目谈下来后,如果牵扯到两三个事业部,针对这个项目,杜邦会成立一个专门的小组,继续后面的跟进和协调。

比如说,一个项目最后被安排在深圳工厂进行材料的生产,那深圳工厂会有一个项目团队来负责该项目的生产和安排。生产过程当中如果有产品的研发、改型，那么这个团队也需要去做沟通和衔接。

“龙项目”团队还有一个辅助的职能部门，包括人事、财务、运营以及生产部门。它们负责协调，一旦一个项目谈下来以后，从人员调配到资金的配合，以及生产行为的协调，都由它们来做后续支持。

2007 年，杜邦中国区的销售收入为 14 亿美元。杜邦计划到 2010 年将其在华总投资增至 12 亿美元，并力争将销售规模扩大到 40 亿美元。

通过“龙项目”领导者有效地调配各项资源，杜邦在华取得了新的业务机遇。

高绩效团队需要把握五个重要：目标（Purpose）、人（People）、定位（Place）、权限（Power）、计划（Plan），又称为 5P。

第一，高绩效团队都有清晰目标。团队应该有一个清晰的既定目标，为团队成员导航，知道要去往何处却没有目标，团队就没有存在的价值。团队的目标必须跟企业的目标一致。同时，团队成员必须清楚得知道这些目标，甚至可以把目标贴在团队成员的办公桌上、会议室里，以此激励所有的人为这个目标去工作。

当有多个目标时，团队的价值会打折扣。有这样一个故事：一个猎人在湖边布下罗网。许多鸟儿落网了。这些鸟都很大，带着网飞走，猎人跟在鸟儿后面跑。一个农夫看见了说：“你要跑到哪儿去呀？你能用一双腿追上鸟儿吗？”猎人回答：“如果只有一只鸟，那我没办法把它捉住，但像现在这样，我是十拿九稳的。”后来证明果然如此。因为天一黑,那些鸟儿便要朝各自的方向飞回去——一只要去森林,一只要去沼泽,一只要去田野。到头来就一起连网掉到地上,猎人便把它们捉住了。这个故事很形象地告诉我们,存在多个不一致的目标会导致团队互相牵制,寸步难行。

第二,高绩效团队成员都是互补的。人是构成团队最核心的力量,超过 2 人就可以构成团队。人员的选择是团队中非常重要的组成部分。

团队中需要有领队,需要有教练,要有人出主意,要有人定计划,有人实施,有人协调,有人监督。最终,团队的业绩是靠多人分工协作实现的,因此,团队的成员组成,要考虑到人员的能力、经验和技能互补情况。

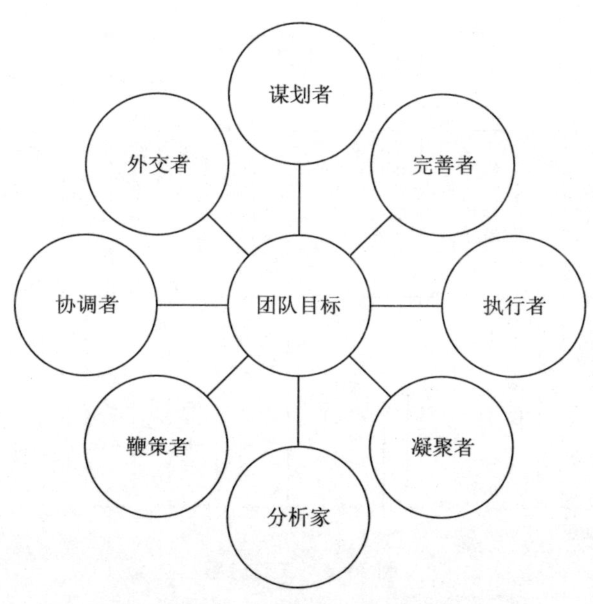

图 7-2 团队是多角色的有机组合

第三,高绩效团队都有明确的定位。一是团队的定位,其中包括团队在企业中处于什么位置,由谁选择和决定团队的成员,团队最终应对谁负责,团队能够使用哪些资源,团队的激励方式如何等。二是成员的定位,作为成员在团队中扮演何种角色——是订计划还是具体实施或评估。成员的定位和成员的角色、特长要保持一致,不能使秀才扛枪,让张飞绣花,更不能都去挑肥拣瘦。团队中每一个成员的职责要清晰,分工要明确。

第四,高绩效团队都有合理的权限安排。一般来说,团队越成熟,团队领导者所拥有的权利相应越小,而在团队发展的初期阶段领导权相对比较集中。团队的权限安排包括财务决定权、人事决定权、信息决定权,此外,企业对团队的授权也是一种独特的团队资源。

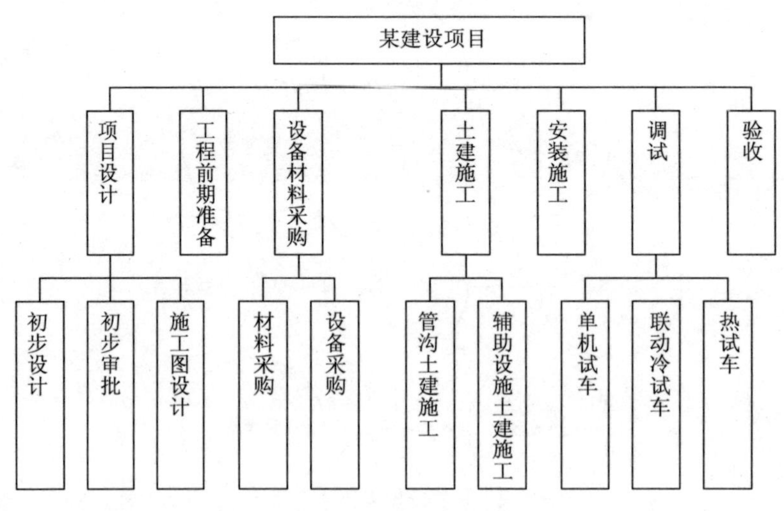

图7-3　工作分解

第五,高绩效团队都有合理的计划。团队目标的实现,需要具体的行动方案,需要把目标分解成具体的工作程序。这样可以保

证团队工作的顺利进度，从而实现最终目标。

工作分解和甘特图是常用的团队计划工具。

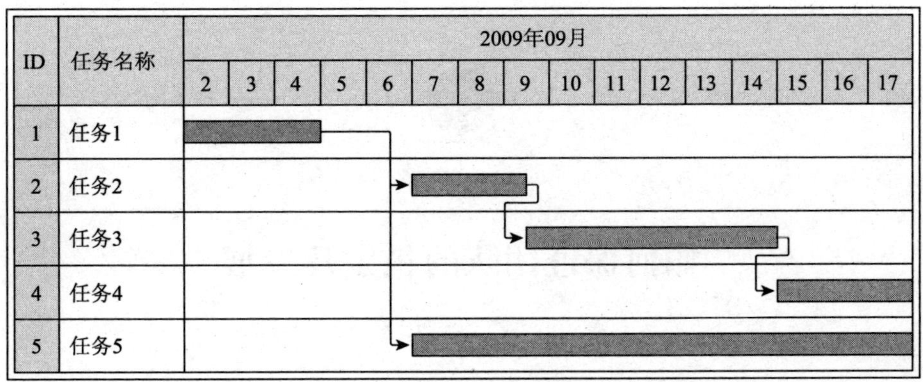

图7－4　甘特图

如何保证团队的稳定及发展

【案例】/// 华为的有效激励

在华为,一个优秀的销售人员不单单可以得到华为的物质激励,还可以得到精神激励。当然二者在华为是有机的结合,激励也是华为"做实"作风的体现。

物质激励

华为是中国员工收入最高的公司,在外界的传说中,在华为工作5年以上的中层干部可以支付一条游轮。华为的高薪,一方面使得优秀的人才聚集华为,另外一方面也激励了人才的积极性。华为实物收入的形式是:工资、奖金、安全退休金、医疗保障、股权、红利。实行按劳分配与按资分配相结合的分配方式。在1996年以前进入华为的老员工,工资已经不是他们的主要收入,可以说工资占他们收入的比例微乎其微,因为他们每年都可以拿到大笔的分红和奖金。据说华为的创始人,反而只有华为5%的股份。

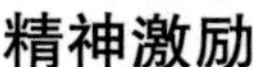

精神激励

华为的精神激励主要有荣誉奖、职权。

荣誉奖

在华为,各种各样的奖励应接不暇,公司还专门成立了荣誉部,专门负责对员工进行考核、评奖。只要员工在某方面有进步就能得到一定的奖励,华为对员工点点滴滴的进步都给予奖励。

华为的荣誉奖有两个特点:

第一,面广人多,员工很容易在毫无察觉的情况下得知自己获得了公司的某种奖励。只要你有自己的特点,工作有自己的业绩,你就能得到一个荣誉奖;对新员工设有进步奖,参与完成一个项目就能获奖。

第二,物质激励和精神激励紧紧绑在一起。只要你获得了任意的一个荣誉奖,你就可以得到一定的物质奖励。一旦得到荣誉奖,你就能得到300元的奖励,而且荣誉奖没有上限,假设你成了荣誉奖“专业户”,那么你的物质奖励就不菲了。

职权

在华为,职位不仅是权力的象征,也是收入的象征。华为把职权和货币收入捆绑在一起,当你得到一个较高的职位,从这个位置上获得的收入是起源收入的若干倍。职权的激励在华为是非常重要的,为华为留住人才起到了非常大的作用。

通过对员工的激励,华为保证了团队的稳定性和发展。华为不单单有着宗教式的对高效率的狂热追求,还有着理性的薪酬激励制度。可以说,高效的薪酬激励制度和高度激发员工斗志的精神教育是华为保证团队的稳定性和发展的两大法宝。

如何有效地保证团队的稳定性和发展，就在于我们能否掌握激励的方法，能否有效地激励团队。

★ 激励的原则：

1. 听比说重要；2. 精神比物质重要；3. 计划与目标同等重要；4. 肯定比否定重要；5. 掘优点比挑缺点重要；6. 相信永远是最重要的激励原则。

★ 激励的方法

1. 目标激励

目标激励就是把大、中、小和远、中、近的目标相结合，使属员在工作中时刻把自己的行为与这些目标紧紧联系起来。目标激励包括设置、实施和检查目标这三个阶段。

在制定目标时须注意，要根据团队的实际业务情况来制定可行的目标。一个振奋人心、切实可行的目标，可以起到鼓舞士气，激励属员的作用。相反，那些可望不可及或既不可望又不可及的目标，会产生适得其反的作用。

主管可以对团队或个人制定并下达切合年度、半年度、季度、月、日的业务目标任务，并定期检查，使其朝着各自的目标去努力，去拼搏。运用数据显示成绩，更有可比性和说服力，激励属员的进取心。对能够定量显示的指标，要进行定量考核，并公布考核结果，这样可以使属员明确差距，有紧迫感，并迎头赶上。主管可以在每月、每季、每半年的考核期或业务竞赛活动结束后，公布团队或个人的业绩进展情况，并让绩优者畅谈展业体会，分享心得，以鼓舞全体部属的士气。

2. 荣誉激励

树立团队中的典型人物和事例,表彰各方面的好人好事,营造典型示范效应,使全体部属向榜样看齐,让其明白提倡或反对哪种思想、行为,鼓励属员学先进,帮后进,积极进取,团结向上。作为主管要及时发现典型、总结典型、并运用典型。比如:设龙虎榜;成立精英俱乐部;借用优秀员工的姓名,为一项长期的奖励计划命名;还可以给成绩优秀者放员工特别假期;等等。也可通过给予集体荣誉,培养集体意识,使属员为自己能在这样优秀的团队工作而为荣为傲,从而形成一种自觉维护集体荣誉的力量。

主管要善于发现、挖掘团队的优势,并经常向属员灌输“我们最棒”的意识,让属员觉得他们所在的团队是所有同类团队中“最棒的”,使属员为“荣誉而战”。

作为团队的主管,在制定各种管理和奖励制度时,要考虑集体意识与竞争合力的形成。比如,开展团队间的擂台赛、挑战赛等。这样既培养了集体荣誉,又可以激励属员。

3. 奖励激励

奖励就是对人的某种行为给予肯定和奖赏,使这种行为得以巩固和发展。奖励分为物质和精神奖励。人在无奖励状态下,只能发挥自身能力的10%~30%;在物质奖励状态下,能发挥自身能力的50%~80%;在适当精神奖励的状态下,能发挥80%~100%,甚至超过100%。当物质奖励到一定程度的时候,就会出现边际作用递减的现象,而来自精神的奖励激励作用则更持久,更强大。所以在制定奖励办法时,要本着物质奖励和精神奖励相结合的原则。同时,方式要不断创新,新颖的刺激和变化的刺激,产生的作用更大;反复多次的刺激,产生的作用就会逐渐衰减;奖励过频,刺激作用也会减少。通过奖励可以鼓励先进、鞭策落后,调动全体属员的积极性。

应适当举办各类竞赛,如:群英会、荣誉业务员、名人协会、倍增月、开门红等。要注意:通盘考虑量力而行;要注意激励效价;投入由低向高;辅以精神激励。

物质激励的注意事项:防止物质激励产生负效应;奖品的设置要因地因人,贵重未必有吸引力。

4. 情感激励

人非草木,孰能无情,情感需要是人的基本需要,人们任何认知和行为,都是在一定的情感推动下完成的。主管要关心属员,帮助属员,特别是当属员遇到困难时;主管要与属员沟通,沟通是一切激励方法的前提;信任激励也很重要,信任就是力量,信任就是最高的奖赏;关心属员的家属,做好家属工作。

5. 氛围激励

营造氛围时刻提醒企业成员其团队目标,让每一个人明确自己的目标。紧张而热烈的气氛会直接给予业务员拜访客户的压力和动力。这就需要企业做到:搞好职场建设,职场建设坚持 CI 标准,内容要丰富,形式要多样;唱歌、跳舞、鼓掌、团队呼号,着装等都有一定的激励作用;组织各种文体活动;举办协会、俱乐部等。

6. 逆反激励

逆反激励并不是从正面激发个体去实现某种目标,而是向他们提示或暗示与这种目标相反的另一种结果,这种结果则是他们无法接受的,从而使他们义无反顾地向既定目标前进。用危机感激发人们的斗志,增加压力,变压力为动力。人的潜能像地底的岩浆,领导者如果加以适当的压力,可以使其发挥巨大的作用。压力持续的时间愈长,方法运用得愈得当,作用愈大。

表7-1 销售团队进程管控的分析表

进度	阶段	详细内容	是否达成
10%	筛选客户	1. 已经符合目标客户的选择标准	
		2. 对方至少是经手人士	
		3. 客户对项目有了解的兴趣,而且一定会慎重考虑	
		4. 已经与经手人士确认好具体时间、地点等	
		5. 对方比较积极,而非强迫性的互动行为	
20&	深度接触	1. 找对合格的经手人士	
		2. 推荐公司在技术能力上的优势	
		3. 明确客户内部的采购流程,特别是可能性大的项目负责人	
		4. 建立并发展与经手人士的关系	
		5. 双方达成共识,可以提交初步方案	
25%	方案设计	1. 至少与经手人士的部门有针对性进行访谈	
		2. 提供简单客户化的方案结合访谈内容	
		3. 并沟通利用影响本部门的经手人,使其满意方案	
		4. 发展与经手人士的关系(SPY),扩大并深入与其他客户的关系	
		5. 如涉及价格一定是粗放性的或经过调研后提供的实际保价	
		6. 在一段时间内,客户领导及其他部门对方案表示认可,承诺进行后续交流	

续表

进度	阶段	详细内容	是否达成
30%	技术交流	1. 明确客户内部扮演的角色、所在的部门及关心的问题(特别是项目负责人)	
		2. 提醒售前技术支持人员和销售顾问利用交流与客户产生互动,了解需求及建立关系	
		3. 利用对售前技术支持人员的评估来调查客户内部对项目演示的想法	
		4. 深入并发展经手人士(SPY)及其他人的关系	
50%	方案确认	1. 扩大了解需求的部门及对象,使方案比较有针对性	
		2. 方案一定要符合未来项目评估的标准	
		3. 引导需求,发现问题,使方案有偏向性	
		4. 借此使销售顾问增强与其他部门之间的沟通,融洽客户关系,力争建立更多的支持者	
		5. 力争找到高层或项目评估负责人以建立关系、了解需求	
75%	项目评估	1. 明确招标是否已经入围,最好能够帮助客户建立技术参数及指标等	
		2. 满足项目评估小组对评估内容标准	
		3. 发展客户关系,明确项目评估小组的态度及倾向性(特别是关键人士)	
		4. 利用内部的经手人士,分析竞争对手的优劣势,明确动向	
		5. 报价的协商及谈判	
		6. 确认项目评估由我公司来执行实施	
90%	协议谈判	1. 协商合同条款的内容	
		2. 对到货期、实施进度、售后服务、付款方式、整体方案建议(含需求说明书)等细节明文规定,达成协议	
		其他	
100%	签约成交	1. 协议签订,高层互动	
		2. 明确成交的条件与付款方式	
		其他	

THE EIGHTH CHAPTER 第八章 卡位战略的落地实施

卡位战略的执行流程

【案例】/// / GD 电气股份有限公司的卡位提炼流程

一、企业介绍

北京 GD 电气公司成立于 1993 年，是经国家认定专业从事集电力自动化设备的研发、制造、销售及服务为一体的高新技术企业。

公司现有电力故障录波测距装置器、电网同步时钟装置及 GPS 检测仪器、配电变压器监控终端 3 大系列的十余种产品。经过十余年的稳健发展，公司在国内电力行业已经具有了良好的商誉和影响力，营销网络覆盖全国及部分海外市场。

在近几年，其企业产品销售业绩却出现了下滑状态，在发展的过程中面临着巨大的挑战。我们经过市场的调研和总结，给予以下诊断及提炼的卡位核心关键点。

二、GD 电气公司的营销战略管理诊断及卡位提炼

1. 营销管理体系总体框架

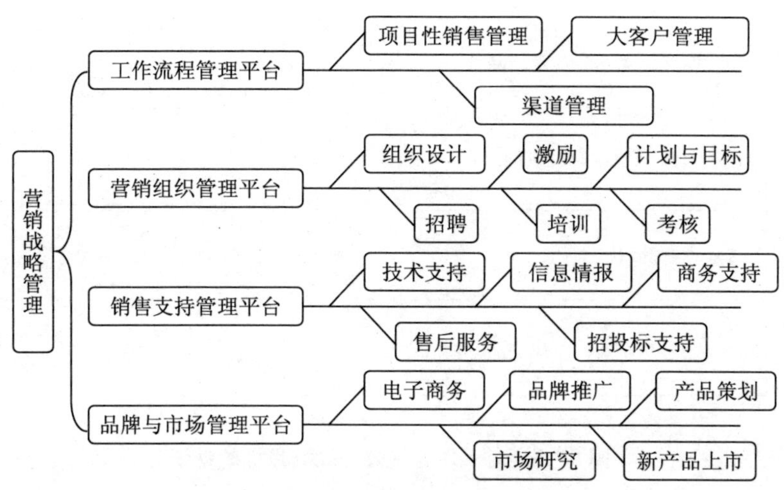

图 8－1 营销管理体系总体框架

2. 营销战略管理整体评价

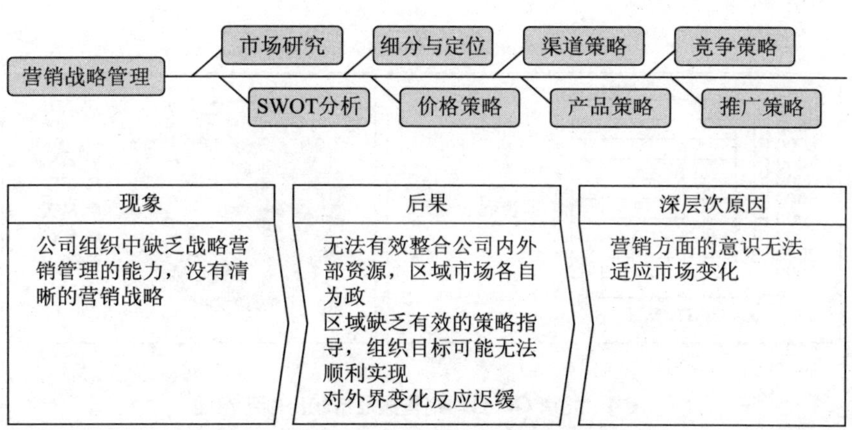

图 8－2 营销战略管理评价图

3. 对 GD 电气公司战略目标的认识(3321)

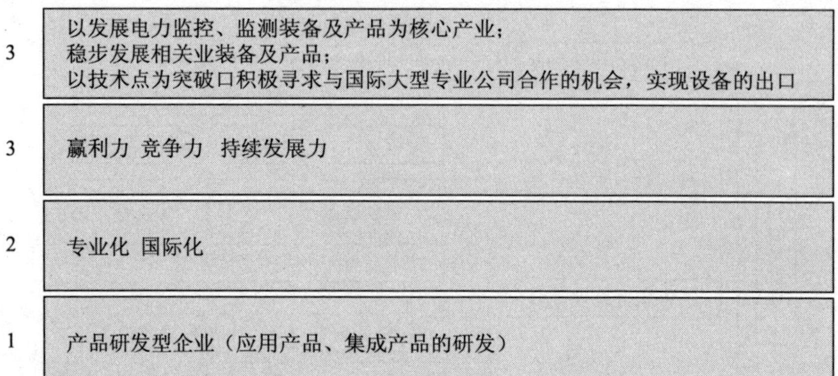

图 8－3　对 GD 电气公司战略目标的认识

4. 2008 年国内主流录波器厂商销售额对比

北京 GD 公司的销售额在国内录波器厂商中位列第二，占据约 19%的市场份额

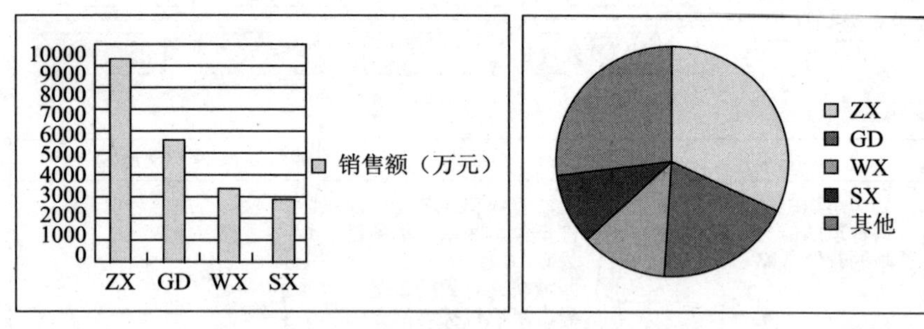

图 4　北京 GD 公司销售额及市场份额示意图

数据来源：企业市场部门。

5. 对比性试验结果分析——产品品质与技术

2008年7月湖南省电力公司线路故障录波装置性能对比测试结果

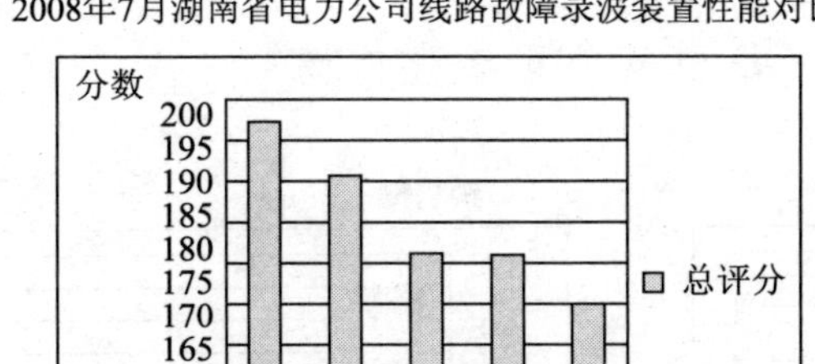

2006年3月参加华北电力调度（交易）中心组织的线路故障录波装置的性能对比测试

一类厂商：GD，HX，SX
二类厂商：YX，WX，NX
三类厂商：FX，NS

综合分析：北京GD的线路故障录波产品品质与ZX、SX有一定差距，与YX、FX、WX相差不多

图 8－5　对比性试验结果分析图

数据来源：企业市场营销部。

6. 2008 年 GD 电气公司录波器主要市场分布

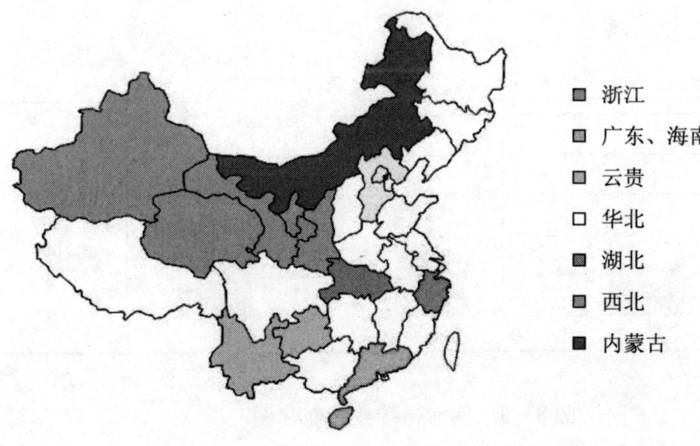

图 6　2008 年 GD 电气公司录波哭市场分布图

数据来源：企业市场营销部。

北京GD的录波器市场主要分布在浙江、广东、云贵等15个省(直辖市),还有17个省(直辖市)市场基本处于空白状态。

7. 2006年至2008年GD电气公司丢失市场

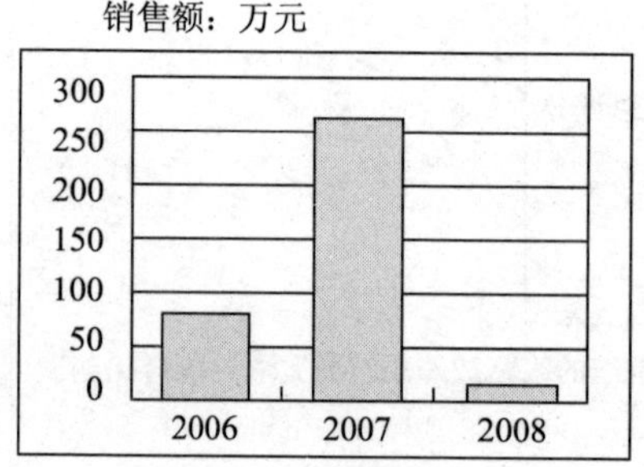

贵州市场2006—2008销售额变化

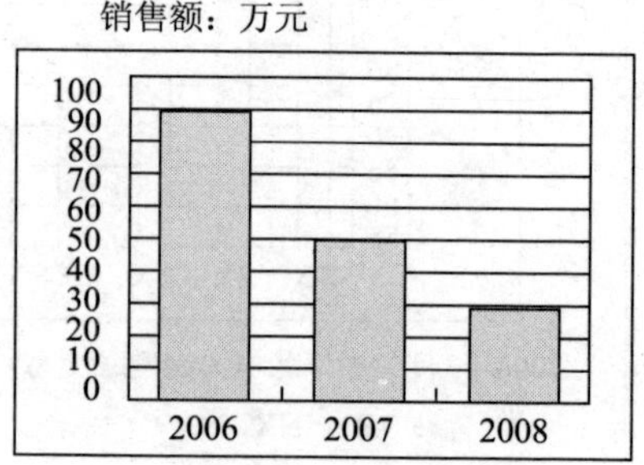

陕西市场2006—2008销售额变化

图8-7 2006—2008年间,北京GD的贵州市场

陕西市场、广东市场(基建)陆续丢失;而同期没有新的市场开发。

数据来源:企业市场营销部。

8. 2007—2008年西北市场其他区域业绩变化情况

2006—2008年间,宁夏市场基本没有增长,青海市场波动起伏,新疆市场呈现增长

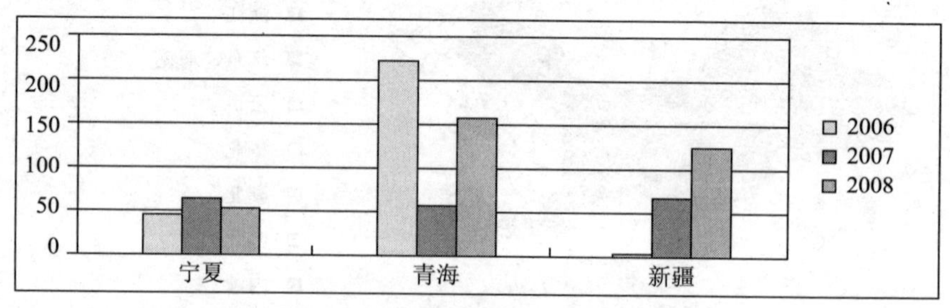

图8-8 西北市场业绩变化图

9. 2008年GD电气公司GPS产品主要市场分布

至2008年年底,GD电气公司的GPS产品市场主要分布在浙

江、广东和西北，全国大部分地区的市场基本处于空白状态

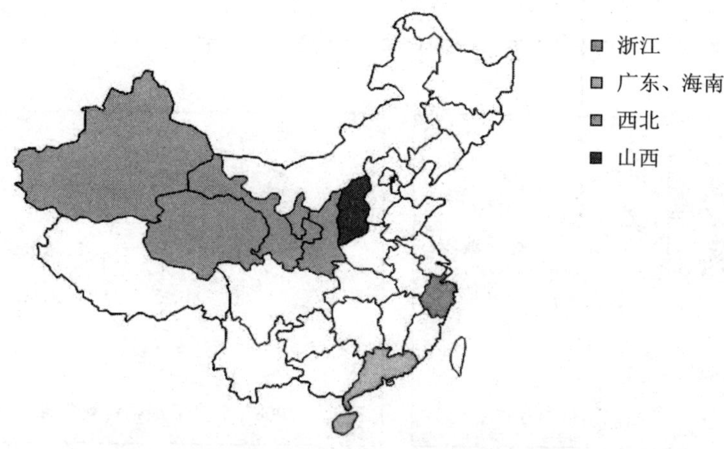

图8－9　2008年GD电气公司GPS产品市场颁布图

数据来源：市场营销部。

10. 2007—2008年GD电气公司录波器主要市场占有率分析

表8－1　企业生存阶段的融资能力障碍

市场名称	2007年			2008年			市场变化趋势
	招标台数	中标台数	中标率	招标台数	中标台数	中标率	
浙江	117	56	48%	96＋框架	90↑	—	增长
广东海南	61＋框架	62	—	56＋框架	79↑	—	数量增长，市场丢失
云贵	138	113	96%	88↓	80↓	90%↓	逆势下滑
华北（北京、河北）	338	87	25.7%	67＋框架	27↓	—	下滑
湖北	106	49	46.2%	111＋框架↑	59↑	—	顺势增长
山西天津	365	61	17%	156↑	75↑	48%↑	逆势增长
西北	143	33	23%	142＋框架↑	90↑	—	数量增长，市场丢失
内蒙黑龙江	80	23	29%	105↑	19↓	18%↓	顺势下滑

备注：西北市场的增长靠青海、新疆的拉动、陕西市场于宁夏市场呈现下滑趋势，但增长与下滑相抵，仍然显示增长；广东市场2008年基建订单全部丢失，已经进入下滑通道。
数据来源：市场营销部。

11. 2007—2008 年 GD 电气公司分产品线销售额分布变化

GD 电气公司的 GPS 产品所占销售份额和销售额均出现萎缩；录波器产品产品所占销售份额上升，但销售额下降

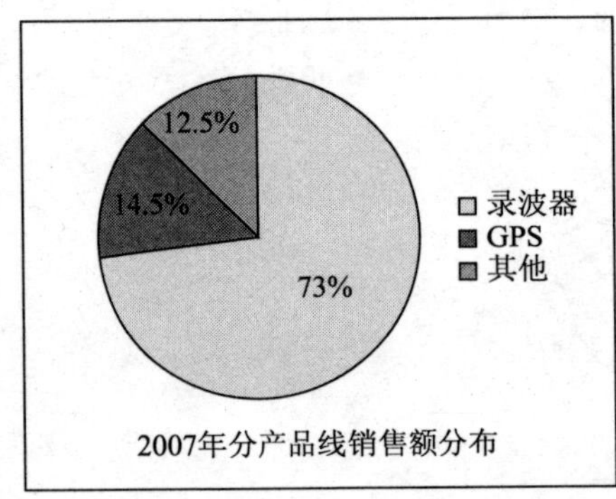

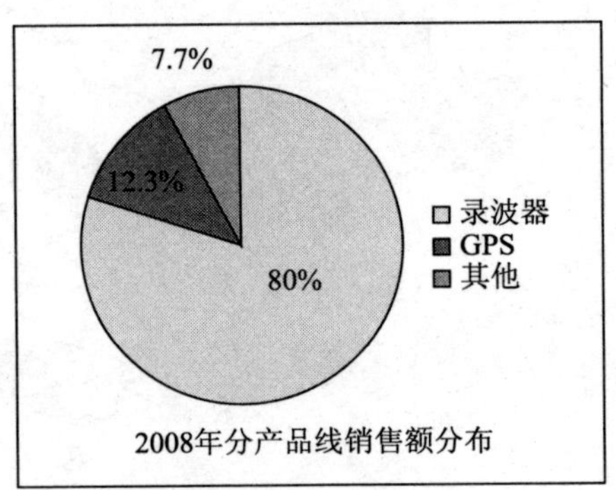

图 8－10　GD 电气公司分产品线销售额分布图

数据来源：市场营销部。

12. 影响 GPS 产品销售业绩增长的因素

对销售人员的调查显示：区域销售人员对产品技术及销售模式不熟悉和价格偏高是影响 GPS 产品销售业绩增长的主要原因

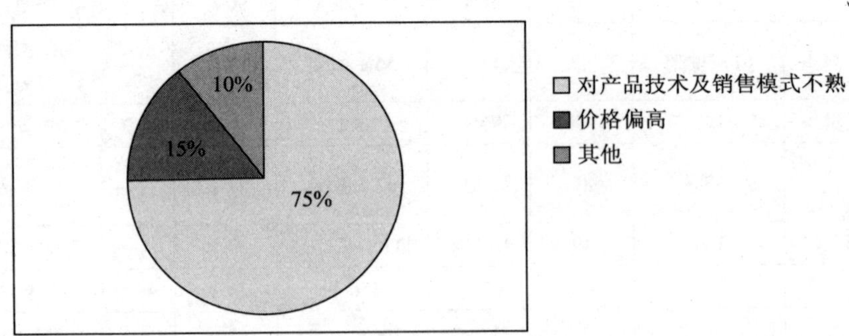

图 8－11　影响 GPS 产品销售因素示意图

数据来源：销售人员调查问卷。

13. 销售人员对变压器监控产品市场的认识

对销售人员的调查显示:53%的销售人员对变压器监控产品很有信心

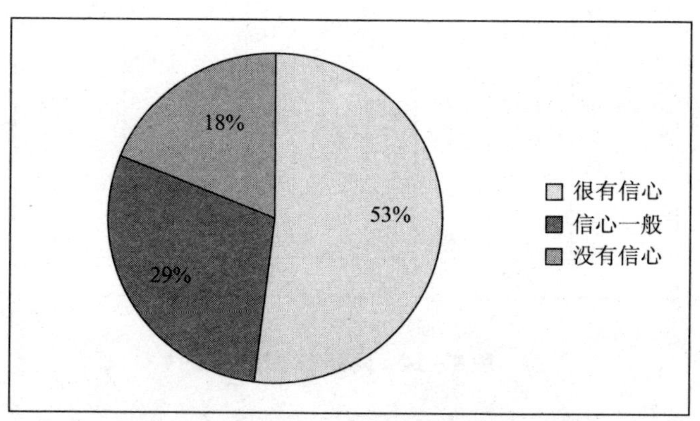

图 8－12 销售人员对产品市场认识图

数据来源:销售人员调查问卷。

14. 网外市场也具有潜力

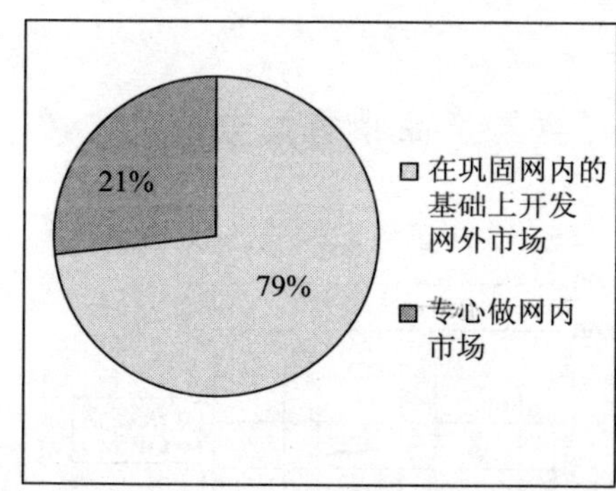

销售人员对如何做网外市场的认识调查

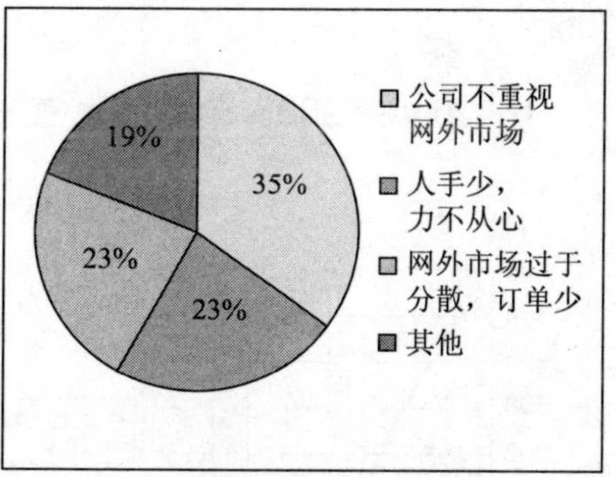

网外市场订单少的主要原因调查

图 8－13 网外市场调查示意图

数据来源:销售人员调查问卷。

15. 网外市场成功样板

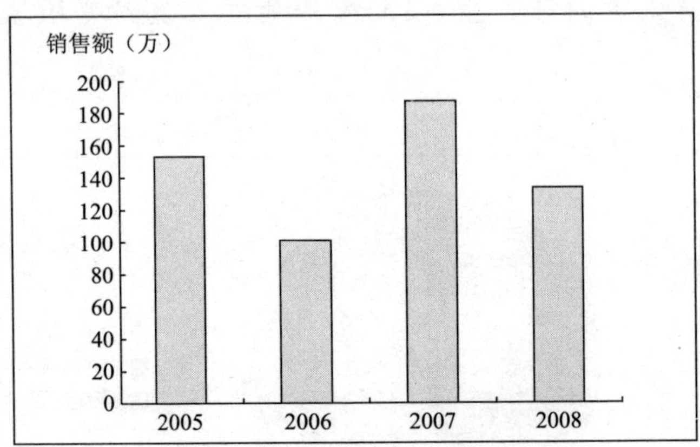

图 8－14 网外市场销售额

数据来源：市场营销部

2005 年至 2008 年，GD 公司销售人员梅祖亮只做网外市场，网外市场年平均销售额 143 万。虽然网外市场站 GD 公司销售额份额很小，但只要人力资源问题能够解决，网外市场的叠加效应不可忽视

16. 2006—2008 年 GD 电气公司主要产品销售数量变动

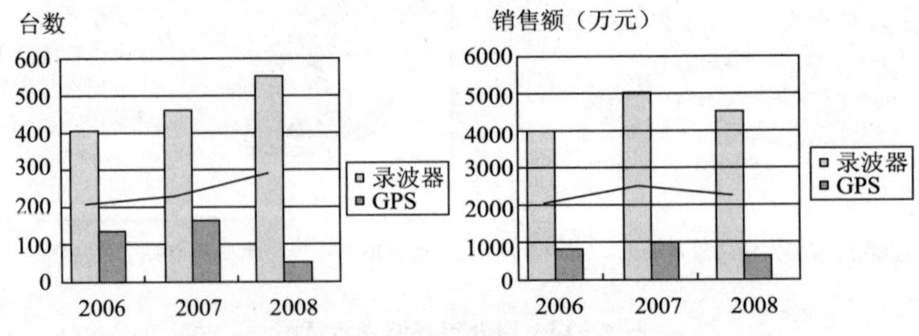

图 8－15 主要产品销售数量变动示意图

数据来源：市场营销部。

统计显示,2006年—2008年录波器产品销售数量上升,而销售收入却呈先上升后下降的趋势

17. 2006－2008年GD电气公司录波器产品价格变动情况

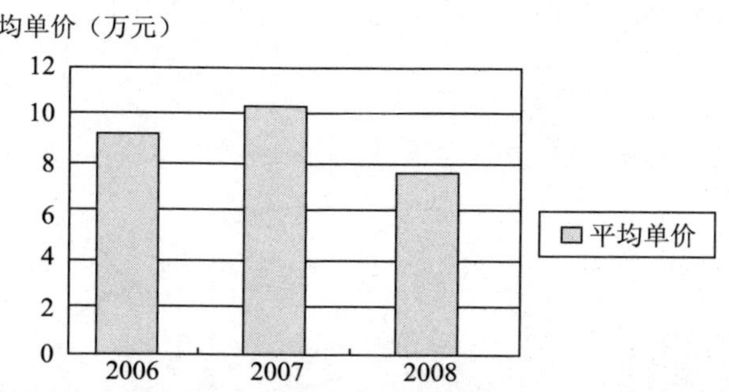

图8－16 录波器产品价格变动图

数据来源:市场营销部。

统计显示,2006年—2008年,GD录波器产品售平均价格从9.7万上升到10.8万元,而后又回落到8.2万元,总体趋势下滑

18. 1995—2008年GD电气公司录波器与GPS产品销售额变化曲线

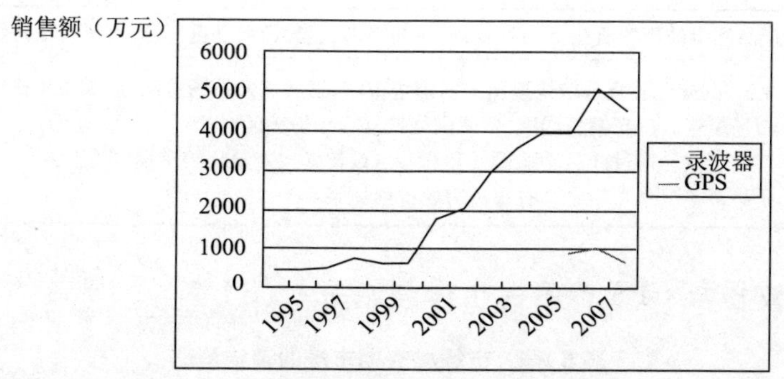

图8－17 销售额变化曲线

数据来源:市场营销部。

根据销售曲线，GD公司录波器市场已经进入成熟期，而GPS产品则处于成长期，但存在销售业绩过度依赖老区域和区域覆盖太窄的问题，导致销售曲线刚刚抬头就迅速下降

19. 录波器与GPS产品的生命周期分析(1)

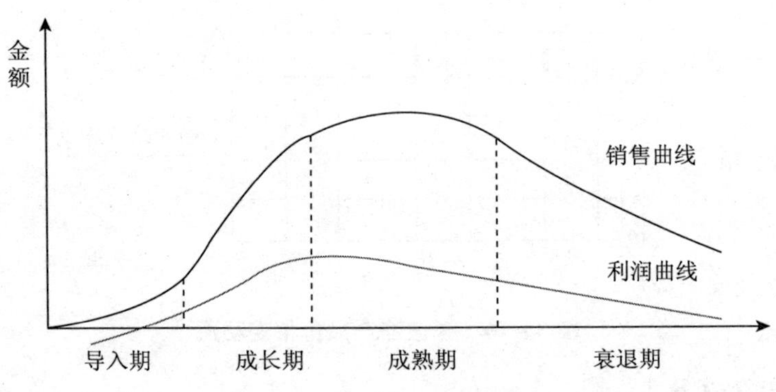

图8-18 生命周期示意图

根据销售额变化曲线，判断双合的录波器产品处于成熟期，而GPS市场处于成长期

录波器与GPS产品的生命周期分析(2)

表8-2 市场成交期市场的销售策略

特点	新产品逐步被市场所接受，客户对产品的需求放量，销量迅速上升，市场份额持续扩大
对策	对成长期的产品，宜采取快速出击的销售策略，迅速扩大市场份额，形成市场格局。 1. 市场覆盖。广布销售网络，依靠网络拉动市场份额的增长。 2. 产品定位。通过产品功能设计和利益点设计形成差异化的市场定位。 3. 价格调整。率先制定具有渗透力的价格体系

录波器与GPS产品的生命周期分析(3)

表8-3 市场成交期市场的销售策略

特点	进入成熟期以后，产品的销售量增长缓慢，逐步达到最高峰，然后缓慢下降；产品的销售利润也从成长期的最高点开始下降。市场竞争非常激烈，市场格局基本形成

续表

对策	对成熟期的产品，宜采取稳健出击的策略，使成熟期延长，或使产品生命周期出现再循环。 1. 市场调整。发现产品的新用途，寻求新的用户或改变销售方式等，使产品销量得以持续扩大，追求全面覆盖市场。 2. 产品调整。通过产品自身的调整（改型换代）来满足顾客的不同需要，或通过重新定位来吸引有不同需求的顾客。 3. 价格调整。通过降低成本、提高销量的方式扩展降价空间，依靠价格竞争夺取市场

20. 卡位对GD电气公司营销定位的整体思考

表8－4 市场成交期市场的销售策略

录波器产品：重点突出“守”字。巩固现有国网市场，努力拓展外网市场，制定更加灵活的价格制度以应对竞争，尽早推出改型产品。 GPS产品：重点突出“攻”字。扩张营销网络，充分利用老市场的关系优势，形成市场格局和产品定位，并适当降价

一、卡位的核心关键词——提炼流程

图8－5 提炼流程分析

提炼流程	模块细节
1. 了解市场环境	1）该行业处在红海还是蓝海 2）该行业处在生命周期的第几阶段
2. 找到细分市场	1）分析产业链 2）细分行业 3）分析子行业 4）分析产品类型 5）分析区域市场
3. 挖掘资源优势	1）两种优势战略：差异化战略、创造优势战略 2）选择优势类型：技术优势、资金优势、市场优势，也可以是渠道优势、品牌优势、成本优势等 3）明确自身优势
4. 合适的切入点	1）了解市场环境 2）选择切入时间 3）选择切入方式：技术卡位、形象卡位、品牌卡位、功能卡位

二、卡位战略的执行流程

表 8-6 执行流程分析

执行流程	模块细节
1. 企业营销诊断	1. 营销流程管理诊断 2. 营销组织管理诊断 3. 销售支持管理诊断 4. 品牌市场管理诊断
2. 明确定位	1. 客户需求分析 2. 企业能力分析 3. 竞争对手分析 4. 明确市场细分 5. 确认目标市场 6. 明确市场定位
3. 挖掘优势	1. 客户价值分析 2. 选择目标客户 3. 提供解决方案 4. 建立竞争区隔 5. 确定竞争优势 6. 传播优势卖点
4. 做到最好	1. 找准优势宣传焦点 2. 进行优势形象包装 3. 进行大力推广宣传
5. 建立团队	1. 明确团队目标 2. 建立团队文化 3. 招聘及培训团队 4. 做好团队激励

卡位后的检查措施

【案例】 蓝色巨人损失81亿的代价

多元化发展使蓝色巨人IBM差点倒塌。

从20世纪80年代末到90年代初,IBM经历了从辉煌走向快速跌落的过程,创伤随处可见。IBM曾经占有"大型主机"的定位,该定位使它成为了美国最成功的公司。辉煌时的IBM占有整个大型机市场70%的份额,控制着95%的利润。后来IBM把品牌相继延伸至小型机、个人电脑、软件、芯片等领域,以至于被各个领域的专家级对手肢解。IBM在PC机领域被康柏、戴尔打败,在软件领域输给微软,在芯片领域被英特尔打败。由于各领域的败退,1993年IBM公司的股票跌至20年内的最低点,公布的损失达81亿美元。

1993年,郭士纳被邀请担任IBM公司首席执行官。郭士纳重新定义了IBM的客户价值:提出"商务问题端到端解决方案"。通过实施一系列的改革措施,蓝色巨人再次走向辉煌,五年内从亏损150亿美元扭转为盈利50亿美元。在郭士纳及续任CEO彭明盛的手中,IBM剥离了PC、硬盘、驱动器、显示器和打印机系统等业务,又进行了超过60次收购、重组业务。

现在,IBM软件业务已经占税前收入的40%,服务占37%,硬件和全球融资占23%。2008年初,IBM确立了三大发展战略:成为全球整合企业的典范、专注于开放的科技和高价值的解决方案、为客户带来整合与创新的价值。

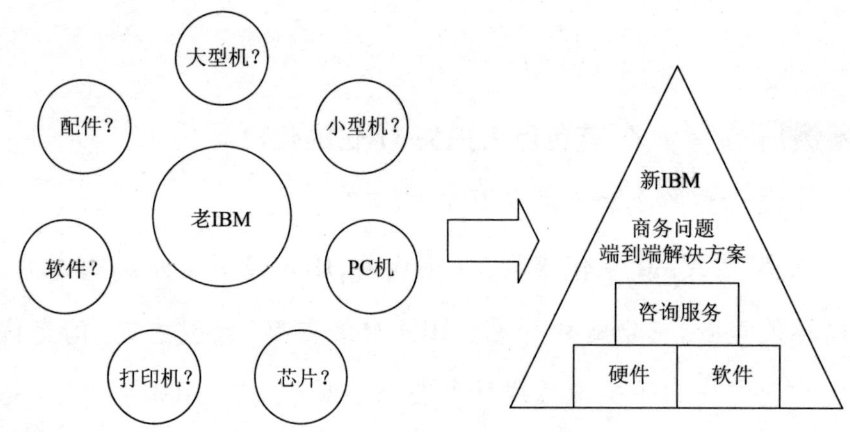

图8-19 IBM的转型:由分散转为集中

表8-7 在检查卡位时需要考虑的细节:

流程	模块细节
一、明确定位	1. 是否真正了解客户需求 2. 是否真正了解竞争对手产品定位 3. 目标市场上顾客欲望满足程度 4. 针对竞争者的市场定位和潜在客户的利益要求,企业应如何去做 5. 是否分析、比较企业与竞争者在经营管理、技术开发、采购、生产、市场营销、财务、产品七个方面的强项与弱项分别有哪些

续表

流程	模块细节
二、挖掘优势	1. 该优势在企业内部是否形成统一口径、有无说服力 2. 是否使目标客户了解、熟悉、认同本企业的市场定位 3. 是否在客户心目中建立与该定位相一致的形象 4. 该优势建立起来的竞争区隔是否明显 5. 企业是否确认好该优势为主要宣传点
三、做到最好	1. 了解客户的需求或偏好在宣传时是否发生变化 2. 宣传所配置的营销资源是否足够 3. 了解该营销宣传的目标 4. 哪些营销宣传活动花费过多,能否采取措施 5. 营销宣传点是否拥有两套以上备选方案
四、建立团队	1. 团队的真正意义是否清晰 2. 团队的领导是否选择好 3. 团队里的冲突与沟通是否设置好 4. 团队激励的奖惩是否公平 5. 团队里的人才梯队是否健全

如何修订卡位战略

【案例】 中电电气是如何卡位崛起的

纵观中电电气的发展、企业规模、产品研发、市场占有率、行业影响力等,中电电气创造了令业界惊叹的发展速度。中电电气的崛起在业界被誉为一个传奇,引起了行业以及全国市场的关注。然而,中电电气的卡位崛起之路并不是一帆风顺的,中间历经了曲折与痛苦,也正是这些磨难,造就了今天中电电气的实力。

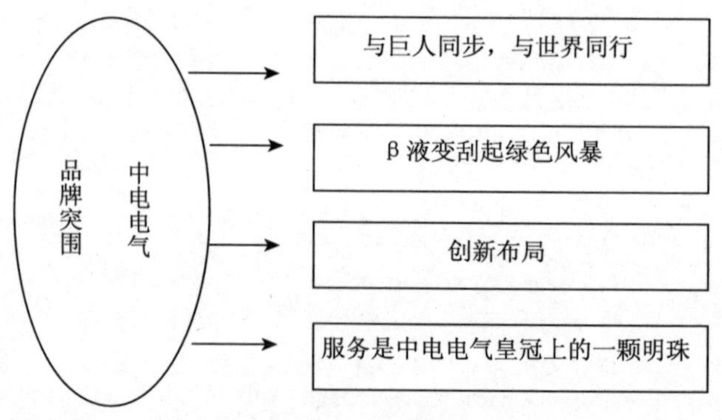

图8-20 中电电气卡位品牌塑造

卡位品牌塑造一:与“巨人”同步,与世界同行

中电电气并不满足于在国内行业的领跑地位,永远要求自己向“巨人”看齐,只有这样才能与时俱进、与世界同行。中电电气利用“巨人”的优势帮助自身发展,通过技术合作,引进高科技技术、弥补自身缺陷以提高产品的竞争力。中电电气在企业的发展历程中,就很多次与“巨人”进行合作,引进国外的高科技技术以帮助企业的发展。永远保持先进技术,是塑造企业品牌的保障,这也为中电电气进军国际市场奠定了很好的基础。

1994 年中电电气与澳大利亚 TMC 变压器制造公司进行技术合作,正式进入变压器行业,并率先在全国研制出 SC8. SC9 干式变压器和 SC9 系列油浸式变压器。

1999 年中电电气获悉了美国杜邦欲在华寻求合作伙伴消息。杜邦生产的绝缘材料行销全球,Reliatrn 品牌更是名满天下。欲和杜邦这样的世界 500 强企业合作,就得拿出真诚和实力,中电人用中电电气所特有的“中电时速”——采用世界上最优质的变压器制造原料和最先进的技术,集中力量攻克了 NOMEX 绝缘系统的应用问题,从而打动了对方的心。随即杜邦与中电电气签下了长期合作协议并授权中电电气为亚太地区变压器制造合作伙伴。

卡位品牌塑造二:β 液变刮起绿色风暴

技术是企业成长的重要保障,很多企业以破坏环境来获得经济的发展,而中电电气推出环保、快速、国际化的口号,注重技术创新的同时也注重环境的保护,赢得了人心,也使得品牌更人性化。

中电电气创造了以节能、环保、稳定、安全为内涵的“绿色中电”和以快速崛起、强力领先为特色的“中电时速”。

中电电气在变压器行业应用高科技环保NOMEX纸新材料，引进世界先进技术，全面提高变压器产品的科技含量，生产具有“循环经济”特色的安全环保系列变压器，实现了产品品质和环境保护双优，在全行业掀起了一场“绿色风暴”。中电电气的这一举措进一步完善了企业品牌的价值支撑，奠定了中电电气未来发展的坚实基础。

卡位品牌塑造三：创新布局

创新的产品更有竞争力，能为企业赢得更大的市场。创新是企业的生命力，也是品牌生存的活力。中电电气的发展历程就是在走一段创新之路，每一次的创新都把企业推向行业高峰。从微波测碳系统到液浸式变压器，再到光伏产业，中电电气总是在不断地创新。

中电电气的创新共同点：

第一，中电电气的成功是拥有独一无二的优秀产品，即质量好、特色新、使用价值高的产品。

第二，中电电气的成功在于明确界定产品的概念优先于新产品开发。中电电气开发的“液浸式变压器”这一全新品类，把原来二分天下的变压器市场变成了三分天下的局面，并且为其产品开拓市场进行了准确的定位，将“液浸式变压器”定位为“城网专用变压器”。

卡位品牌塑造四:服务是中电电气皇冠上的一颗明珠

优质的产品拥有优质的服务,能进一步加强客户的认同感,赢得顾客的青睐。服务是品牌塑造过程中很重要的环节,是品牌价值的体现。中电电气针对服务的流程制定了一套系统的服务观念与制度,分为售前、售中、售后、维护、抢修几个部分,完全考虑到客户的所有感受。咨询服务、技术人员指导安装、终身维修、24 小时赴现场抢修都是该服务的亮点。中电电气的服务环节也是客户称赞的一点,为品牌的塑造赢得了口碑。

"成为世界一流的电气设备供应商",中电电气坚持着这个信念,在行业内短时间崛起,叱咤国际市场,书写了一段卡位崛起的传奇,聚焦了行业以及国际媒体的关注。

一、造成卡位战略错误的原因

原因之一:跟风

许多人相信,营销的根本是要说服潜在顾客,告诉他们自己的产品或服务更好。公司告诉顾客:"我们可能不是第一个,但我们打算做得更好。"没错,可假如你进入市场迟了一步,不得不和阵容齐整的大对手作战,那么你的战略错了——跟风不是办法。

原因之二:不知所售何物

公司无论大小,往往都经历过描述产品的艰难时期,特别是碰上新产品和新技术的时候,他们用晦涩的术语描述产品,这番努力注定被拒之门外。公司在定位产品时必须以思考"这个产品是什么”开始。面对一个潜在顾客,如果你向他描述的产品让人迷惑不解,那么你进入他头脑的可能性几乎为零。

原因之三:纸上谈兵

营销人员一门心思做研究,分析局势后信心十足地朝市场营销领域进军,自以为有最好的产品,而且最好的产品终究会赢。这是错觉,没有客观现实,没有事实,没有最好的产品。营销的世界里,只有顾客或潜在顾客头脑中的认知才是现实,其余都是错觉。

原因之四:别人的创意

搞跟风产品是糟糕透顶,搞跟风的创意同样问题重重。潜在顾客的心目中,两家公司不可能分享同一个创意。当竞争对手在潜在顾客心中拥有了一个词汇或定位,你再去贴上同样的东西,就是徒劳。

原因之五:做一切事,为一切人

一旦你试图为一切人做一切事,你注定要卷入麻烦。“做一切事”的这种想法导致了所谓的“产品延伸”。随着竞争的加剧,行业必将走向细分市场的局面。近几年国内市场成功的品牌都说明了这一点,如江中健胃消食片在胃药市场中开辟出“日创助消化用药”;王老吉在饮料市场开辟出“可以预防上火”的饮料;劲霸男装强力打造“夹克专家”的形象。

二、修订卡位战略的三重攻略

(1)抢先占位:如果位置无人占据,迅速、全力地去占据它。

(2)关联占位:如果位置已被占据,将努力与对手联手作为第二选择。

(3)取代占位:如果对手有弱点,挤开对手,取代其位置。

定位方法1:抢先占位

发现客户心智中有价值的阶梯位置尚且无人占据,品牌就应该第一个全力去占据它。

图8-21 抢先占位

定位方法2:关联占位

发现某个阶梯上的首要位置已被别人占据,品牌可以努力与阶梯中的强势品牌或产品关联起来,使客户在首选强势品牌或产品的同时,紧接着联想到自己,以此作为第二选择。

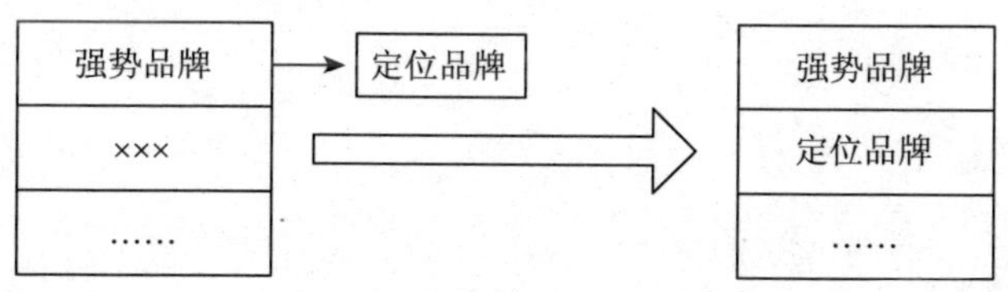

图8-22 关联占位

定位方法3:取代占位

当强势品牌有着潜在的弱点,而且易于引起消费者的注意时,可以借助打击此弱点的方法,挤开对手,取代其位置。

图8-23 取代占位

THE
NINTH CHAPTER

第九章 卡位在现代企业中的实战应用

三一重工的成功之道

2011年9月8日,2011福布斯中国富豪榜在上海揭幕。三一集团凭借7人入榜的优异成绩成为今年富豪榜上的最大赢家,董事长梁稳根更是以93亿美元的身家首次荣登内地富豪榜的首富宝座,这也是福布斯史上第一家登上首富榜的工程机械行业企业。

在今年的福布斯中国富豪榜上,三一集团无疑是令众人瞩目的明星。其主要创始人梁稳根不仅自己成为首富,还带领三一集团其他6位高管一起登上了富豪榜。对此,福布斯中国富豪榜的创榜人范鲁贤感叹,这是他们做中国富豪排行榜以来,第一次出现一个企业多人上榜的情况。下表就是三一集团上榜的7人名单。

表9－1　2011福布斯中国富豪榜三一集团7人名单

2011排名	2010排名	排名趋势	姓名	性别	年龄	2011财富（亿人民币）	公司职位
1	3	上升	梁稳根	男	54	594.5	三一集团董事长
68	144	上升	唐修国	男	48	91.4	三一集团总裁

续表

2011 排名	2010 排名	排名 趋势	姓名	性别	年龄	2011 财富 (亿人民币)	公司职位
79	173	上升	向文波	男	49	82.5	三一重工总裁
79	168	上升	毛中吾	男	49	82.5	三一重装董事长
216	340	上升	袁金华	男	52	49.2	三一重工高级副总裁
327	0	新上	易小刚	男	47	37.1	三一重工执行总裁
339	390	上升	周福贵	男	49	36.1	三一重工高级副总裁

由表可知,在不过短短一年的时间内,三一就在上榜人数和财富排名上实现了大幅度的上升。在前100名富豪中,三一就占据了4席之地。

对于此次在福布斯富豪榜上的卓越表现,三一表现得很淡定。三一重工总裁向文波在9月8日的福布斯富豪榜新闻发布会上表示,三一上榜并不是新鲜事,董事长梁稳根先生对自己成为中国首富也不是很看重,他们更关注企业本身而非数字。

1. 三一重工的上榜理由

曾自称“中国第一打工仔”的三一重工总裁向文波对此事认为,这是三一最大的特点。他解释说,作为中国的民营企业,三一集团从创办的第一天开始就是一个合伙制企业,而非家族式的,这是三一有别于中国大多数民营企业的特点。这正是三一能成为福布斯最大赢家的原因之一。三一的成功来源于两大关键点:

外因:工程机械行业景气

梁稳根成为首富与近年来工程机械行业发展较快有直接关系。无独有偶,龙工集团的李新炎夫妇以95.3亿元的身家排行第60名,其同样来自于建筑机械行业。

由于国家刺激内需的四万亿投资保障了基础设施建设国内的工程机械行业发展飞速。在景气的行业环境下,三一集团获得了较大的发展空间,实现了快速增长。

表9-2 2011年上半年国内机械行业与三一重工增速对比表

	挖掘机行业	汽车起重机	混凝土泵车
行业平均增速	29.19%	15%	84%
三一重工增速	101.07%	106.09%	107.18%

根据上表的对比数据可以看出,三一重工的增速远远超过了行业的平均发展速度。得益于行业的发展,三一重工近几年的发展相当迅猛。即便是被金融海啸席卷的2008年,三一仍然延续了以往的增长,实现全年销售额209亿元,比往年增长56.6%。

表9-3 三一重工2005年到2011上半年业绩情况

年份	营业收入	利润
2005	25.37亿元	2.16亿元
2006	45.74亿元	6.82亿元
2007	91.44亿元	20.83亿元
2008	137.45亿元	15.40亿元
2009	164.95亿元	26.28亿元
2010	339.54亿元	69.38亿元
2011上半年	303.63亿元	73.32亿元

由表可见,三一重工的业绩和利润每年都在飞速增长,这一切与近年来工程机械行业良好的发展空间有关。正是良好的外部条件使三一迅速走上了快车道,实现了业绩的连年增长。

内因:卡位创造世界一流的技术

"过去,我们依靠自主创新突破重围获得发展,未来,我们也只

有靠更加积极主动地创新，才能做大做强，走向世界。”——三一重工总裁向文波

作为中国工程机械巨擘，三一的创新力一直为业内人士所称道。草根出身的三一很早就意识到，要想做到“品质改变世界”，在核心技术上不受制于人，就一定要自主创新。秉承这一理念，三一从一开始就采用自主创新的战略，在技术专家易小刚的带领下，在工程机械的各个领域都拥有了自主创新的核心产品。如下表所示。

表9－4　三一的产品线

行业领域	产品	荣誉
混凝土机械领域	72 米世界最长臂架泵车	保持了世界泵送的最高纪录
挖掘机械领域	全液压挖掘机 SY2000C	世界上最节能的混合动力挖掘机
桩工机械领域	亚洲最大旋挖钻机	填补了国内大型旋挖钻机生产的空白
履带起重机领域	起重量达 3600 吨的全球第一吊 SCC8600TM	打破了国外品牌在特大吨位履带起重机领域长期的垄断地位
汽车起重机领域	中国首台千吨级全地面起重机	改写了历史

正是凭着这些自主创新的核心产品，三一摆脱了在工业品行业中低级的价格战策略，以高品质赢得了丰厚的利润。其销售收入也从 2000 年上市前的 3.9 亿元，快速增长到 2010 年的 339.55 亿元，在短短十年间实现了百倍的增长。三一重工因其杰出的创新驱动力，连续登上顶级第三方机构《福布斯》与《财富》的“创新力”排行榜。

表 9-5　2011 三一重工创新力荣誉

时间	机构	榜单名称	排名	荣誉
7 月 20 日	《福布斯》	全球最具创新力的 100 家公司	第 72 位	榜单中仅有的两家工程机械企业之一
8 月 12 日	《财富》（中文版）	最具创新力的中国公司	第 13 位	机械设备制造领域唯一的上榜企业

2. 三一是如何进行卡位战略的

首先，三一通过了解竞争对手的情况来确定自身的竞争优势，通过下表可以发现，在泵送技术上，三一最大的竞争对手是中联重科——它的技术排名全球第一。再加上很多知名的品牌企业，因此三一在这个技术上并不是最优。

表 9-6　三一泵送技术优势分析

事业部	产品种类	主要竞争伙伴	品牌地位
泵送	泵车	中联	全球第 1
	拖泵	中联	1
	车载泵	中联	1
	搅拌站	中联、南方路机	1
	搅拌车	星马、中联等	2

通过市场调研研究后，三一分析了自身的竞争优势，其在价格、营销能力以及服务上具有竞争力。因此，它制定了以服务为首要的进攻卡位战略。

对于服务，三一集团董事长梁稳根有一句狠话：“以偏执的态度，用尽一切手段，将服务做到无以复加的地步。”

事实上，三一就是这么做的。早在 1995 年，售后服务刚起步时，三一就成立了售后服务部，对客户做出了明确的服务承诺。1997 年，三一又率先在行业推行服务工程师承包工资制，将用户的

-	价格	质量	技术先进	品牌	营销能力	服务
国际冠军企业	★	★★★★★	★★★★★	★★★★★	★★	★★
国内冠军企业	★★★	★★★	★★★★	★★★★	★★★	★★★
三一的机会点	★★★★★	★★★	★★★	★★	★★★★★	★★★★★

图9－1　三一的进攻卡位战略

利益和服务人员的利益捆绑形成了利益共同体，之后这种量化的承诺式服务模式迅速被行业内其他企业模仿。随后，三一在服务上不断推陈出新，推出了“心无界·诺千金——一生无忧”的服务承诺，并在业内首推“量化的承诺数字”与“明确的补偿方式”相叠加的承诺模式，再一次颠覆了混凝土机械行业的服务标准。下表就是三一的服务变革史。

表9－7　三一重工服务变革历史

年份	服务变革	部分荣誉
1995年	售后服务部成立	
1997年	服务工程师承包工资制	率先在行业内推行该制度的企业
1998年	服务部设立800免费电话	首家在工程建筑机械行业使用免费服务电话的企业
2005年	开通4008服务热线	率先在国内同行业中推行该制度的企业
2006年	筹建行业内第一家企业控制中心（ECC）	国内工程机械唯一一家启动ECC项目的企业，同时4008呼叫中心荣获“中国最佳呼叫中心”
2007年	首家在国内工程机械行业启动SGS服务体系认证工作的企业，建立服务标准	荣获“全国售后服务十佳单位”和“全国售后服务特殊贡献单位”两个服务最高奖项

续表

年份	服务变革	部分荣誉
2008年	启动"金牌管家"点对点特级服务,创立"一站式服务站"	"中国设备维修十佳企业奖"(国内在工程机械企业内唯一获奖者) "亚太最佳服务奖"(亚太服务的最高荣誉)
2009年	首次在工程机械行业提出"节约型"服务理念	通过SGS的权威认证与审核,成为国内首家获得机械制造业服务标准化认证的企业
2010年	建立配件安全库存预警系统,将服务信息化建设全面升级	获评"全国客户服务公众满意度最佳典范企业",成为国内工程机械行业唯一获此殊荣的企业

从表中可以看出三一在服务上的不断创新,正是这一次次的创新,让客户成了三一的忠实拥护者。

在工业品行业,同质化的产品越来越多,售后服务就成了客户选择的重要因素。现在几乎每家工业品企业都有自己的服务体系,但没有几家能像三一那样将服务做到极致。三一正是凭借着提供无止境的创新服务赢得了一个又一个客户。如果企业想获得更多的利润,不妨学一下三一,在服务上多下功夫,真正做到用服务赢得市场。

镇江西门子的卡位战略

镇江西门子母线有限公司成立于1998年8月，由西门子（中国）和中国电气工业领军企业大全集团在低压母线领域联手组建。公司是全球最大的低压母线槽产业基地，产品主要面向中国及东南亚市场，年销售额逾12亿元。

镇江西门子以其卓越的品质和完善的售后服务稳居同行之首，国内市场份额高达30%以上，同时作为主体单位，西门子还负责母线槽国家标准的制订、修订和复审工作，做好了行业标杆，引领了行业发展。

如何对公司的主打产品进行卡位，其有以下几步。

第一步，进行市场占有率调查。

第二步，产品对比，确立竞争对手。

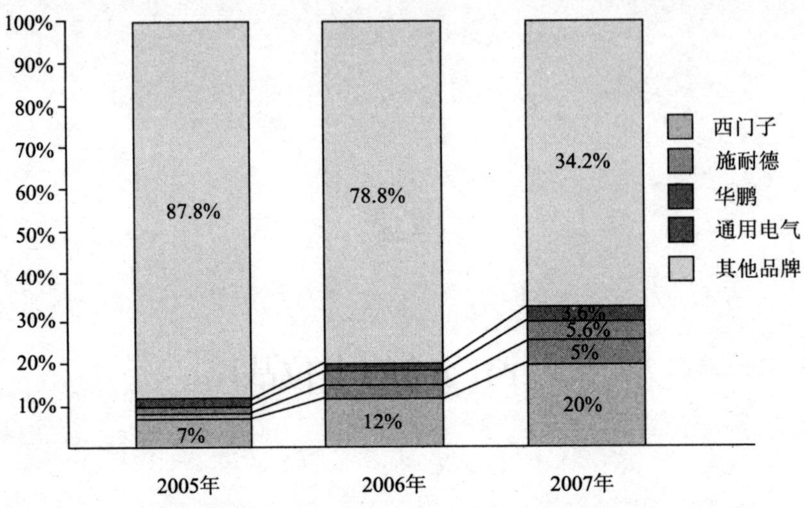

图9－2　2005—2007年国内市场中高端母线品牌市场占有率

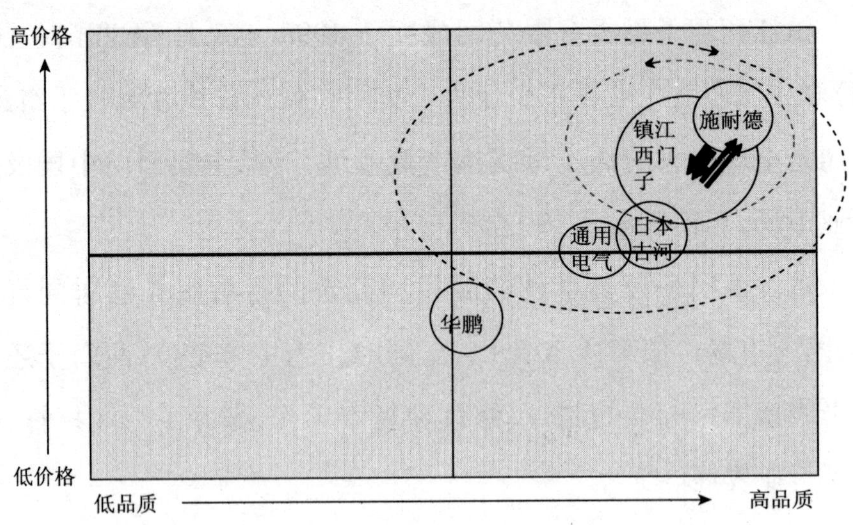

图9－3　确立竞争对手

从上图可看出,市场在无形中被分成了三个区域:

直接竞争对手:施耐德

间接竞争对手:施耐德、通用电气、日本古河

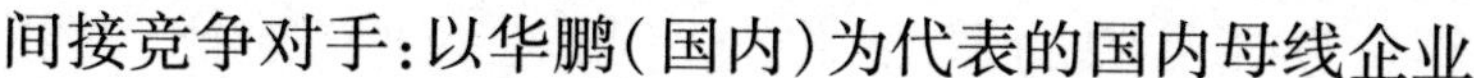
间接竞争对手：以华鹏（国内）为代表的国内母线企业

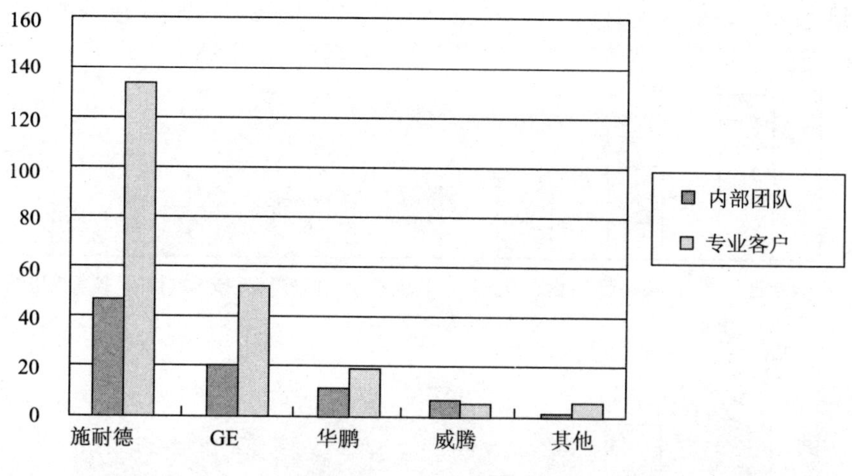

图 9－4 竞争对手调查

从图 9－4 能够看出，施耐德是与镇江西门子同档次的竞争对手。

第三步，挖掘优势，寻找区隔。在锁定了同档次的竞争对手

项目	调查结果
对手公司专业度高，了解客户的需求、行业特点，能为客户设计方案，解决难题	① ①
对手公司的产品品质好，使用真材实料，加工精细	② ②
对手公司技术先进（比如运用先进技术，使重要参数性能提高，或者更加节能、寿命更长）	③ ⑤
对手公司的产品安装方便	
对手公司售后服务好，响应速度快	④
对手公司最讲信誉，口碑好	
对手公司货期短，交货及时	
对手公司的销售人员值得信赖，客户愿意与其打交道	③
对手公司的技术支持力量强	
对手公司的产品性价比高，物有所值	

图 9－5 品牌区隔调查

后，根据客户选择品牌的理由，将公司和对手进行对比，寻找自身的优势。

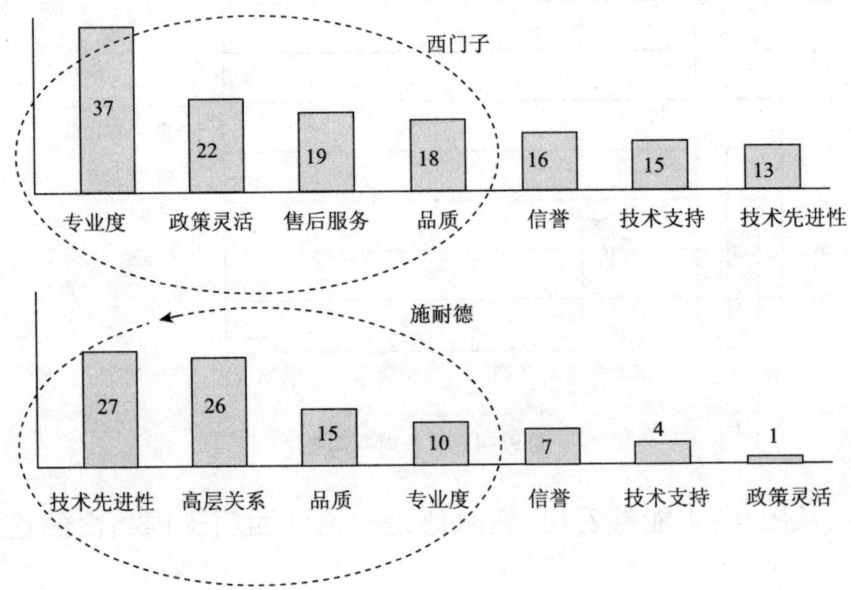

图 9-6　西门子与施耐德的母线品牌价值要素分析

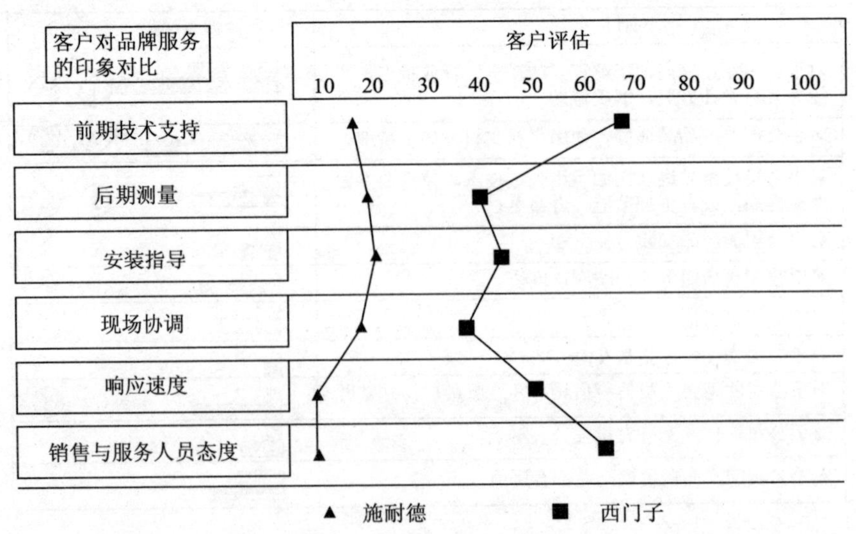

图 9-7　品牌服务印象调查

调查显示，在客户的心目中，施耐德的技术更先进，但在销售与售后服务方面，镇江西门子有绝对的优势。

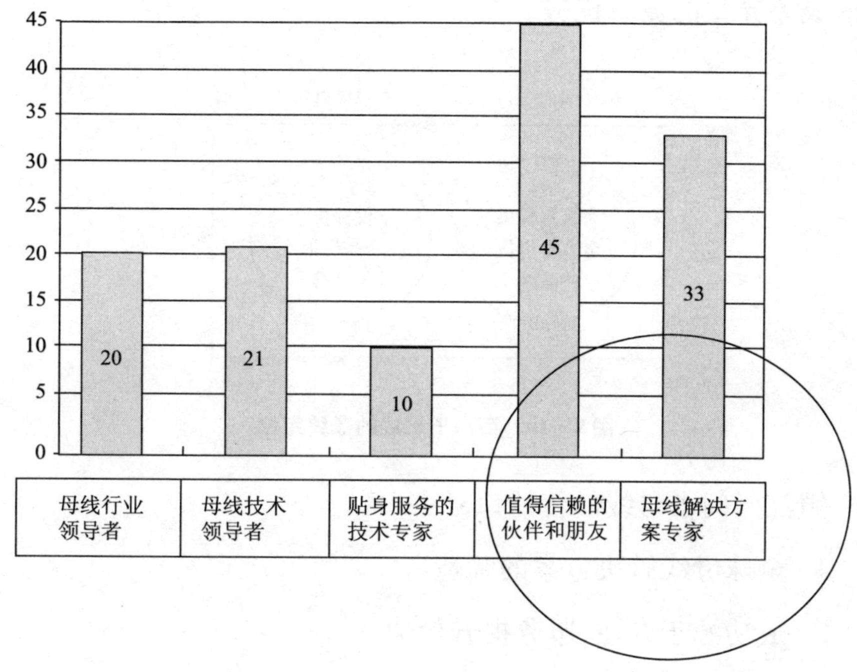

图 9－8 品牌联想调查

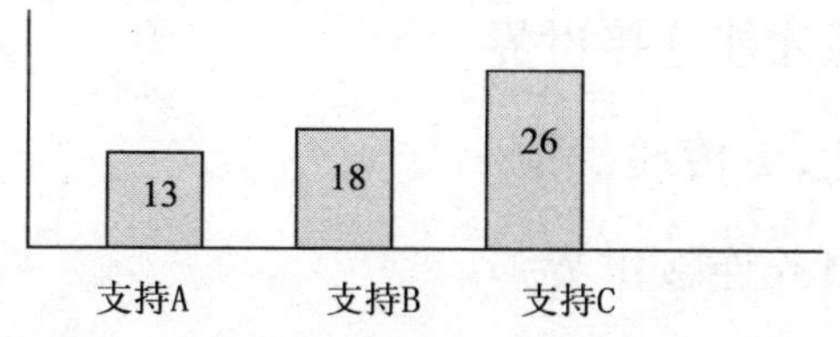

图 9－9 销售人员的看法

从客户和销售人员的角度均可看出，西门子母线的最大优势是专业化地为客户提供优质服务。

第四步，品牌定位。

公司根据西门子母线的最大优势给品牌进行定位，与同类产品形成差异化的竞争优势。

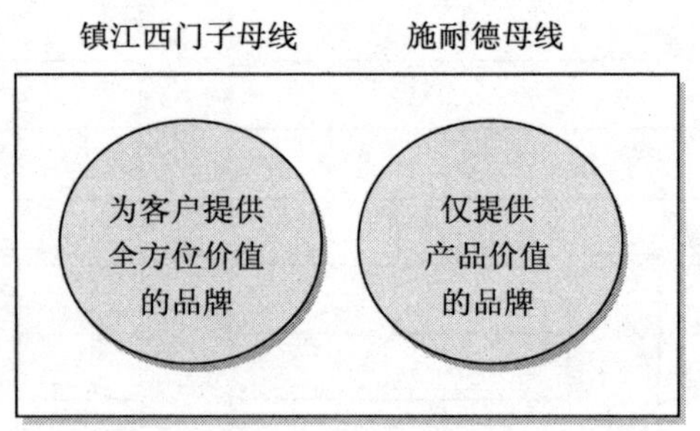

图9-10　西门子母线的最终定位

镇江西门子母线的传播口号：

1. 全球母线解决方案的缔造者
2. 成功源于专注，服务提升价值
3. 世界品质，一流服务
4. 服务超越产品价值
5. 用心沟通才能连接世界
6. 传递电能，更传递价值
7. 以卓越服务连接世界

新安化工的卡位战略剖析

1. 新安化工的主要产品

浙江新安化工集团股份有限公司是大型化工企业集团、全国资源综合利用先进企业。公司生产经营三大类九个系列约百余种农药、化工、有机硅产品。

新安化工的主要产品是草甘膦,即有机磷产品。草甘膦是美国孟山都公司于1974年商品化成功的高效、低毒、环境相容性良好的除草剂,2001年全球销售额约为30亿美元。新安化工是国内草甘膦生产的龙头企业,2000年生产能力为1.2万吨/年,产量约占国内总产量的30%。公司所产草甘膦以外销为主,外销比例为70%。

孟山都是世界上草甘膦生产规模最大企业,其草甘膦生产能力为20万吨/年,新安化工在整体实力、科研开发水平等方面均无法与该公司匹敌,但在质量价格比方面有着较大的优势。

国内草甘膦的使用量还相对较小,农业生产中主要采用的是成本低廉的高毒性杀虫剂。随着中国整体经济发展水平的提高和农业生产方式的进步,低毒除草剂的使用范围扩大、使用量逐步增长。

2. 有机硅材料市场简介

有机硅材料是性能优异的特种高分子材料,广泛应用于航空航天、船舶汽车、纺织轻工、电子电气、机械化工、建筑建材、医药医疗等领域。有机硅单体是有机硅材料产业的基础,其生产主要集中在跨国公司。

中国有机硅产品研发起始于20世纪50年代中期,从60年代开始进行工业化生产。这类企业技术难度大、生产流程长、配套工程要求高,一般为国有大中型企业。

目前,有机硅产品及深加工制品企业在国内大约有200家左右,生产点较为分散,其中既有技术含量高,开发能力强的台、港合资企业和民营企业,也有生产简单制品、产品单一、无技术开发力的乡镇企业和个体户生产厂。

1990—1998年中国有机硅单体产量的年均增长率为21%,但其年产量远远不能满足国内市场的需要。国内所需大部分从国外进口,进口量逐年增长。中国有机硅产品消费量每年约以20%以上的速度递增,近年来增幅涨到30%以上。

3. 切入点:有机硅与有机磷的联产

新安化工的草甘膦、毒死蜱等主要产品属于农药产品,生产过程中会有一定的废水、废气排放,加上公司地处新安江流域,环境保护的要求更高，公司用于环境保护的成本支出也相对较大。2000 年公司在环境保护设施的运作费用为 400 余万元，且随企业规模的扩大逐年递增。

针对上述问题，公司开创了独特的新途径，将提高公司经济效益与保护环境相结合，在生产过程中对环境的污染得到了有效的控制。

1997 年，新安化工集团股份有限公司与开化合成材料有限公司实施资产重组。开化合成材料有限公司前身为开化硅厂，主要生产硅块，1985 年开始发展有机硅生产。1995 年，新安化工开发了有机硅和有机磷的联产工艺，成功应用于草甘膦及有机硅生产。双方从此开始互惠互利的贸易关系。为了共同的发展需要，双方进行联合，进一步推广了有机硅和有机磷的联产。

有机硅和有机磷的联产生产模式，其优势突出体现在对氯资源的综合循环利用上。氯甲烷是草甘膦生产过程中产生的副产物，企业通常是直接排放，这不仅对环境造成污染，而且造成资源浪费。

公司率先开发了一种工艺技术，即将氯甲烷回收净化后用于合成有机硅单体，同时将有机硅单体生产中副产的盐酸精制，而后用于草甘膦生产。这种氯资源的循环利用，基本上消除了氯物质的排放，不仅实现了清洁生产，而且降低了公司生产成本，增强了公司市场竞争力。

4. 切入有机硅后的盈利能力

从下表中可以看出，新安股份有机磷有机硅联产项目所带来

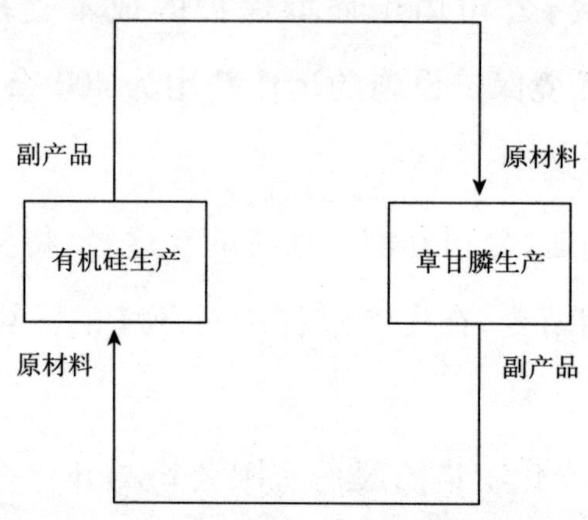

图 9-11 新安化工的联产模式

的成本优势十分明显，其草甘膦与有机硅产品的毛利率均高于国内同类产品。

就有机硅单体生产而言，截至 2002 年末，新安股份拥有 1.5 万吨/年、2 万吨/年的生产设备各一套，总生产能力 3.5 万吨/年。星新材料拥有 2 万吨/年、5 万吨/年的生产设备各一套，总生产能力 7 万吨/年。

虽然有机硅单体在生产中规模显著，但凭借有机磷有机硅联产工艺，新安股份生产的有机硅单体的毛利率比拥有两倍生产规模的星新材料要高 6.7% ~16.1%。

表 9-8 新安股份与江山股份草甘膦业务对比

		2000 年	2001 年	2002 年	2003 年 1—6 月
新安股份	销售收入（万元）	36313	44258	51919	33600
	销售成本（万元）	31119	37965	46719	29307
	毛利率	14.30%	14.22%	10.02%	12.78%
江山股份	销售收入（万元）	11760	12978	14029	11695
	销售成本（万元）	11579	12610	13530	10777
	毛利率	1.54%	2.84%	3.56%	7.85%

表 9－9 新安股份与星新材料有机硅业务对比

		2000 年	2001 年	2002 年	2003 年 1—6 月
新安股份	销售收入(万元)	7384	12506	14028	10544
	销售成本(万元)	5048	8312	10760	7704
	毛利率	31.64%	33.54%	23.30%	26.93%
星新材料	销售收入(万元)	21574	31148	38686	20092
	销售成本(万元)	17568	25560	32258	17923
	毛利率	18.57%	17.94%	16.62%	10.80%

5. 案例剖析

新安化工通过对氯资源的循环利用，以成功的卡位战略进入有机硅生产领域，不仅实现了清洁生产，而且大幅度降低了成本，为企业创造了丰厚的利润。

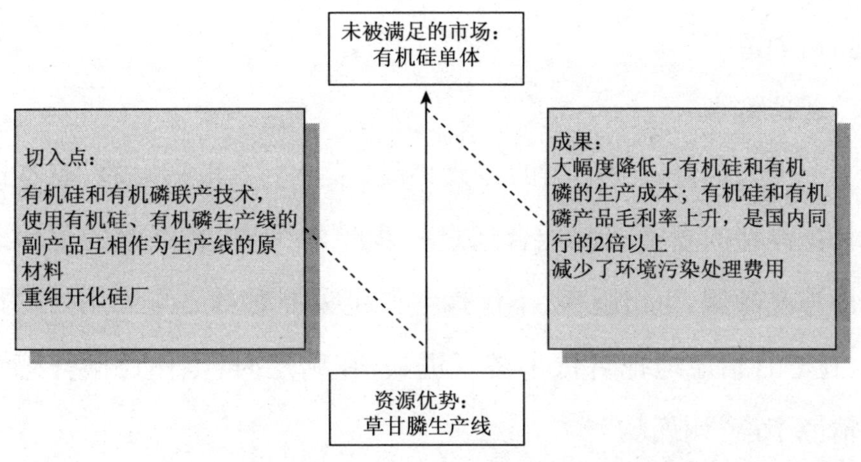

图 9－12 新安化工卡位进入有机硅生产路线图

好的企业满足需求，伟大的企业创造市场

相信中国的企业家都比较熟悉“温水煮青蛙”的原理。当我们

把青蛙放进煮得热气腾腾的开水之中，青蛙会因剧痛而奋力跳出；但是，当我们把青蛙放进常温的水中，然后慢慢地给水加热，青蛙就会被活活地煮死。

在外部环境不断变化之中，特别是市场竞争越来越激烈的今天，中国企业还陶醉于以往传统的营销观念与模式中，使自身陷入“水煮青蛙”的困境。

企业在激烈的市场竞争中，一方面要在消费者那里找到自己的市场，即满足需求，但随着市场竞争的日益加剧而变得更加困难；另一方面，企业设法引导消费者，创造属于自己的特有市场。

美国管理大师德鲁克有一名名言：“好的公司满足需求，伟大的公司创造市场。”

创造需求

不少人都看过赵本山的经典小品《卖拐》，“忽悠大师”赵本山与善良淳朴的妻子彼此配合通过一步步的诱导，将健康的范伟忽悠得神魂颠倒、生出腿疾，不仅掏空腰包买下对自己毫无用处的拐杖，还心甘情愿地把自行车搭了进去，在结尾时，范伟还满怀感激之情说了声“谢谢啊”！

对于这个具有一定夸张意义的小品，剔除其中的诈骗成分，单从市场营销的角度来看，这是一个成功的市场需求创造实例。

可见市场需求是可以创造出的。

随着社会的不断进步和人们消费水平的不断提高，在市场经济环境中，消费的需求变得更具多样性与层次性。消费者的需求并非固定，有的时候甚至连顾客也不知道自身的需求是什么。根据市场营销理论与实践推知，这种需求是完全可以通过企业自身的努力去创造和扩大的。

市场引导策略

日本著名企业家盛田昭夫曾说过："我们的政策是以新产品去引导消费者。"

20 世纪 50 年代，英美两家皮鞋公司各自派了一名推销员到太平洋的某个岛屿上开拓市场。几天后，英国的推销员给总部汇报说："这里的土著人都习惯赤脚，不习惯穿鞋，这里根本没有市场。"随即这名英国推销员就离开了那里。而美国推销员的看法与他正好相反，他给总部汇报说："在这里的发现让我异常兴奋，因为岛上的人都是赤着脚，没有一人穿鞋。"于是这名美国推销员留了下来，开拓这里的皮鞋市场。后来，美国推销员成功了，他通过改变岛上人不穿鞋的习惯，引导他们穿鞋，创造了一个新的市场。

英国推销员只是根据需求寻找市场，而美国推销员却是改变了土著人的消费习惯，创造了市场。

互补策略

20 世纪 60 年代初，柯达公司准备开辟胶卷市场，但他们并不急于动手，他们深知要使新开发的胶卷在市场上取得立竿见影的效果并非易事。

于是，他们采用发展互补品的办法，在 1963 年开发大众化相机，并宣布其他厂家可以仿制。一时间，社会出现了自动相机热，相机的暴增，给胶卷带来广阔的市场，柯达公司趁机迅速推出胶卷，销路遍及全球，从而实现了柯达公司创造胶卷市场的目标。

柯达就是通过发现产品的互补性,想办法把市场做大,而不是与竞争者争夺现有的市场。这样既为自己创造了市场,也降低了成本和难度。

创新策略

企业可通过将原有产品改进或直接进入新市场扩大目标市场的范围。新的市场可以是新的地域市场,或者是其他的细分市场,企业可以通过发现产品的新用途来开拓新的市场。

如吉列公司将安全检查刮胡刀片导入妇女市场、强生公司将婴儿洗发精放入成人市场、碳酸氢钠被发现是可以作为冰箱除臭剂的极佳原料而扩大销售等,都是通过市场创新来创造市场并非常成功的案例。

万变不离其宗,任何形式的运作都离不开好的切入点以及正确的卡位。想占到有效的卡位,企业应善于倾听顾客的声音,从流行的现象中发现潜在的机会,从更高层面上拓展生存和发展空间。

卡位,可以帮助企业开辟新的市场,创造新的游戏规则,找到一片属于自己的蓝海。